Sacré-Cœur

MONTMARTRE

La Villette

Gare du Nord

Gare de l'Est

Parc des Buttes-Chaumont

Musée du Louvre

Canal St-Martin

Place de la République

Forum des Halles

Centre Georges Pompidou

Notre-Dame

Ile de la Cité

QUARTIER DU MARAIS

Cimetière du Père-Lachaise

ain-des-Prés

Bd. St-Germain

Ile St-Louis Bd. Henri IV

Opéra Bastille

Sorbonne

Place de la Nation

ourg

Bd. Diderot

Panthéon

Institut du Monde Arabe

Gare de Lyon

QUARTIER LATIN

Jardin des Plantes

Ministère des Finances

d. du Montparnasse

Gare d'Austerlitz

Palais Omnisport de Paris-Bercy

SSE

Place d'Italie

Bois de Vincennes

Bibliothèque Nationale

Parc Montsouris

Seine

ersitaire

音声について

本書の音声は，下記サイトより無料でダウンロード，
およびストリーミングでお聴きいただけます．

https://stream.e-surugadai.com/books/isbn978-4-411-01490-0/

＊ご注意
- PC からでも，iPhone や Android のスマートフォンからでも音声を再生いただけます．
- 音声は何度でもダウンロード・再生いただくことができます．
- 当音声ファイルのデータにかかる著作権・その他の権利は駿河台出版社に帰属します．
  無断での複製・公衆送信・転載は禁止されています．

Nouveau
« ESCAPADES ! »

Janick Magne
Tatsunosuke Azuma
Yuki Hayashi
Masao Suzuki
Aki Taguchi

Surugadai-Shuppansha

はじめに

　本書は，大学等の授業で使用することを想定した初級フランス語の教科書です．各課は，文法の理解と習得を目的とする前半2ページと，さまざまなアクティヴィテ(学習活動) を通じて単語や表現をより実践的に身につけることを目的とする後半2ページとからなっています．

　先に具体的文例を提示して，そこから自然に文法を導き出すようなタイプの外国語入門法もありますが，本書はそのような方式をとっていません．限られた授業時間数で効率的に学習を進めるには，体系的な文法理解から入るのが最も現実的な方法だと考えるからです．

　2人の教員によるセメスター制の授業でも使いやすいように構成していますが，年間の授業で14課まで終わらせなくても，10課までを目標にするとか，学習項目を取捨選択するとか，2年かけて学ぶとか，クラスの実情に合わせて使っていただければと思います．

　この教科書の特徴の1つは，文法学習を段階的に進める点にあります．また，各課に配した基本問題とは別に，文法説明の補足，表現の紹介がAppendice 1と2に用意されています．

　もう1つの特徴は，アクティヴィテのページの冒頭にある自然な対話文でしょう．この部分はすべて，フランス語教育法を専門とするベテランのフランス人教員が書き下ろしたものです．堅苦しくなく，くだけすぎてもいない，生き生きとしたフランス語のリズムを感じ取ってください．ネイティブ教員に配慮し，問題の指示文はすべて日仏両語表記になっています．

　フランスの文化や社会の紹介がコラム形式で随所に配されています．興味のある項目から読み進めて，フランスおよびフランス語圏についてより深く知るためのきっかけとしてください．また，対話文に登場する人物が紹介されている付録の下敷きも大いに活用してください．書名のEscapadesとはフランス語で「日常生活からの脱出」という意味です．フランス語という未知の世界に飛び込んでみましょう．

　本書で使用されている単語は，日常会話でよく使われ，さらに13課までの内容はフランス語検定4級の試験問題にも対応しています．巻末の単語集は復習に役立つでしょう．さらに自己紹介のQ&A，会話で使える例文集 ミニ・ディアローグも活用して下さい．

　改訂にあたっては，全体を見直し，第11課から第13課までのアクティビテを刷新しました．フランスに慣れてきてから部分冠詞を学ぶように学習項目を配し，第7課と第8課の順番を入れ替え，接続法をAppendice 2に移し，第14課までの内容が定着するように再構成しました．さらに，ほとんどのフランス語文に音声をつけました．教室でも自習時にも，音声を最大限に活用してください．

著者一同

AVANT-PROPOS

Notre manuel, connu sous le titre « Escapades ! », a été publié sans interruption depuis 2011 avec un certain succès. Nous en proposons ici une toute nouvelle version condensée, rebaptisée « Nouveau "Escapades !" », afin de répondre à l'actualité de la langue.

Dès l'origine, ce manuel était le fruit de l'expérience d'un groupe d'enseignants japonais et français habitués à travailler en binôme. Il présente les bases grammaticales du français, des dialogues réalistes et des exercices variés reflétant le vocabulaire et les structures du français contemporain, pouvant servir à l'expression orale et écrite. Il peut être utilisé en duo ou en solo aussi bien par des enseignants japonais que français.

Il est divisé en 15 leçons (de zéro à quatorze), chacune comprenant 4 pages débutant par des explications grammaticales, suivies d'un dialogue, accompagnées pour certains chapitres d'un paragraphe informatif en japonais consacré à un aspect linguistique, culturel ou sociologique de la France.

Deux particularités caractérisent ce manuel : la première est qu'il contient de nombreux exercices grammaticaux, structuraux, d'expression écrite et orale, dont les consignes sont données dans les deux langues. La deuxième est que l'intégralité du manuel est enregistrée jusque dans les moindres détails.

Nous vous souhaitons une bonne et agréable utilisation du « Nouveau "Escapades !" »,

Les auteurs

目次　Table des matières

課	テーマ	文法	表現の練習	コラム	ページ
Leçon 0	アルファベを発音する	アルファベ・綴り字記号・綴り字と発音のきまり・日本語になったフランス語・英語とは読み方の異なるつづり字・辞書の引き方			6
Leçon 1	挨拶する	1. 名詞の性と数 2. 冠詞（不定冠詞・定冠詞） 3. 提示表現 I	数字 0~10　あいさつ・値段をいう・買い物や食べたいものをいう	*パリの名所	10
Leçon 2	自己紹介する	1. 主語人称代名詞 2. être 直説法現在 3. 形容詞の性・数 4.［構文］主語＋動詞＋属詞 5. 否定形	人物を紹介する・自己紹介をする	* 会話のスタイル ** フランスの地方語	14
Leçon 3	持ち物・年齢・趣味をいう	1. avoir 直説法現在 (否定の de) 2. 疑問文 I(疑問形容詞)	持ち物をいう・数字11~90・数詞＋母音で始まる名詞の読み方 1~22	*フランスの手工芸 **『星の王子さま』	18
Leçon 4	尋ねる	1. 第一群規則動詞 2. 疑問文 II（疑問代名詞・疑問副詞） 3. 人称代名詞の強勢形	カフェで注文する・好き嫌いをいう	*映画	22
Leçon 5	ものや人を提示する・説明する	1. 提示表現 II 2. 形容詞 II（付加形容詞） 3. 指示形容詞 4. 所有形容詞	身につけているものをいう・人物を説明する・家族を語る	* BD	26
Leçon 6	夏休みの予定をいう	1. aller, venir 直説法現在 2. 前置詞と定冠詞の縮約形 3. 前置詞と国名 4. 近接未来・近接過去 *動詞を覚えよう（faire, partir, prendre）	行き先や交通手段をいう・夏休みの予定をいう	*革命記念日 ** マリアンヌ	30
Leçon 7	鉄道に乗る・時刻を聞く・頼む	1. 非人称表現 （天候・時間・その他） 2. 第二群規則動詞 3. 命令法	曜日・時間を言う・詩をつくってみよう	*フランス人の休暇 ** ラ・マルセイエーズ	34
Appendice 1	動詞の活用を覚えよう（規則動詞, 不規則動詞）・動詞で表現しよう・意見をいう・形容詞の女性形の作り方・名詞と形容詞の複数形・週, 月, 日と年号, 季節・冠詞の使い方・文型・綴り字と発音のきまり・音の規則（リエゾン, アンシェヌマン, エリジョン）・リズムグループ			38

課	テーマ	文法	表現の練習	コラム	ページ
Leçon 8	バカンスの報告をする	1. 直説法複合過去 I（過去分詞・否定形と疑問形） 2. 比較級 3. 最上級	過去を語る・パリのモニュメントを比べる	＊発見されたモナリザ	48
Leçon 9	贈り物を考える	1. 直接目的語と間接目的語 2. 目的語人称代名詞 3. 部分冠詞 4. 中性代名詞 ＊動詞を覚えよう（acheter, offrir）	数量表現をつかって食べ物・飲み物をいう・メールを完成させる		52
Leçon 10	日常の行動をいう	1. 代名動詞 2. 現在分詞 3. ジェロンディフ ＊動詞を覚えよう（lire, voir, dire, mettre）	日課をいう・代名動詞の命令形を作る・同時にできることをいう		56
Leçon 11	過去を語る	1. 直説法半過去 2. 直説法複合過去 II（複合過去と半過去） ＊動詞を覚えよう（devoir, rendre, pouvoir, vouloir）	自分の過去と現在を語る	＊シャンゼリゼ	60
Leçon 12	旅した国について話す	1. 関係代名詞 2. 直説法複合過去 III（復習） 3. 直接目的語と過去分詞の一致 ＊動詞を覚えよう（connaître, croire）	旅先からメッセージを書く・位置関係の表現		64
Leçon 13	未来の計画を語る	1. 直説法単純未来 2. 強調構文 3. 受動態	天気予報・未来の予定を言う	＊フランコフォニー（フランス語圏の国・地域） ＊＊ジュネーヴ	68
Leçon 14	実現したい夢を話す	1. 条件法現在	もし条件が合えば実現したいことを話す	＊フランス発・日本のポップカルチャー ＊＊PACS・すべての人に開かれた結婚	72
Appendice 2	接続法現在・時刻・否定表現・文法：「法」・人称代名詞が同時に 2 つ用いられる時の語順・代名動詞の直説法複合過去・直説法大過去・直説法前未来・条件法過去・接続法過去・虚辞の ne・指示代名詞・所有代名詞・直接話法から間接話法へ・単純過去			76
コラム集	アンジェ，カルメン，美味の追求（ブリア＝サヴァラン），歴史上の人物，フランスの多様性，モネの積みわら				82
Q & A	自己紹介しましょう				86
ミニ・ディアローグ					87
単語集					95

付録「下敷き」　表：登場人物のプロフィール／裏：フランス語の表現（色・どこに何があるかたずねる・位置関係を表す前置詞・身体の部位を表す語彙）

cinq　5

Leçon 0　Prononciation

1　アルファベ　*Alphabet*　002

A B C D E F G H I J K L M N O P Q R S T U V W X Y Z

[a, ɑ]	A H K	[ə]	E
[i]	I J X Y	[ɛ]	F L M N R S Z
[o]	O	[e]	B C D G P T V W
[y]	U Q		

003　略語 (les sigles)
CD
BD
TGV
SNCF
SVP

Activité

例にならって自分の名前の綴りをフランス語のアルファベで言いましょう．
Je m'appelle Mina : M, I, N, A.
私の名前はミナです．綴りはM, I, N, A.

2　綴り字記号　*Signes auxiliaires*　004

´	アクサン・テギュ (accent aigu)	é
`	アクサン・グラーヴ (accent grave)	à è ù
^	アクサン・シルコンフレックス (accent circonflexe)	â ê î ô û
¨	トレマ (tréma)	ë ï ü
¸	セディーユ (cédille)	ç
'	アポストロフ (apostrophe)	c'est
-	トレ・デュニオン (trait d'union)	après-midi

3　綴り字と発音のきまり　*Son et orthographe*　005

①語末の子音字は原則として発音しない．
　　　françai**s**　　Pari**s**　　gran**d**
　　フランス人，フランス語，フランスの　　パリ　　大きい
　ただし，語末がc, f, l, rの場合は発音することが多い．
　　ave**c**　che**f**　journa**l**　me**r**
　　～と　シェフ　新聞　　海
②語末の母音字eは発音しない．
　　class**e**　　artist**e**　　vi**e**
　　クラス　　芸術家　　人生，生活
③hは発音しない．
　　hier
　　昨日

> hはつねに発音されないが，無音のhと有音のhの2種類がある．無音のhはリエゾン，アンシェヌマン，エリジョン (☞ Appendice 1) の対象となる．辞書では，有音のhではじまる語の頭に†などのマークがついている．
> ▶ † héros　　héroïne
> 　　英雄，主人公　　女傑，女主人公

6　six

4 母音字の読み方　*Prononciation des voyelles*

①単母音字　006

a	[ア／a, ɑ]	ami 友　　voilà ほら
e	[ウ／ə]	je 私は
	[無音]	madame 夫人
	[エ／e]	parler 話す
	[エ／ɛ]	merci ありがとう
é	[閉じたエ／e]	café コーヒー　　métro 地下鉄
è, ê	[開いたエ／ɛ]	mère 母　　crêpe クレープ
i, y	[イ／i]	midi 正午　　style 様式
o	[オ／o]	moto バイク
	[オ／ɔ]	fort 強く
u	[ユ／y]	début 初め

②2つ以上の母音字の組み合わせ　007

ai, ei	[エ／ɛ]	mai 5月　　seize 16
au, eau	[オ／o]	sauce ソース　　château 城
eu, œu	[ウ／ø]	deux 2
eu, œu	[ウ／œ]	sœur 姉妹
ou	[ウ／u]	bonjour こんにちは, おはよう　　Louvre ルーヴル
oi	[ワ／wa]	toi 君　　voiture 車

③鼻母音（母音＋nまたはm）　008

am, an, em, en	[ã]	restaurant レストラン　　ensemble 一緒に
im, in, ym, yn	[ɛ̃]	lapin うさぎ　　symbole 象徴
aim, ain, eim, ein	[ɛ̃] 同じ発音	pain パン　　faim 空腹
um, un	[œ̃]	lundi 月曜日　　parfum 香水
om, on	[ɔ̃]	monde 世界　　bon よい

sept 7

Leçon 0　Prononciation

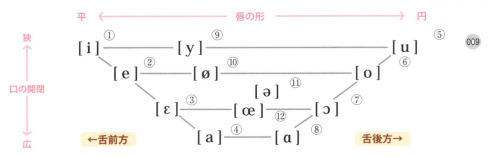

5　日本語になったフランス語　*Les mots français que vous connaissez déjà …*　010

café au lait	parfait	crêpe
croissant	chou à la crème	gâteau
gratin	meunière	potage
haute couture	mode	encore
enquête	l'arc-en-ciel	lapin

6　英語とは読み方の異なるつづり字　*Ce ne sont pas des mots anglais... Essayez de les prononcer !*　011

chance	table	nation	tomate
lion	base	question	qualité
signature	silence	théâtre	association
histoire

7　教室でよく使うフランス語の指示　*Les consignes*　012

Écoutez.　聴いて　　　　　Répondez.　答えて
Répétez.　繰り返して発音して　Regardez.　見て
Lisez.　読んで　　　　　　Écrivez.　書いて

8　教室でよく使うフレーズ　*Les phrases fréquentes*　013

Vous avez compris ?　理解できましたか？
Présent.　（男性が）出席しています. ／Présente.　（女性が）出席しています.
C'est bien !　良いです！／C'est très bien !　とても良いです！
S'il vous plaît.　すみません，お願いします.
Madame !　（女性の）先生！／Monsieur !　（男性の）先生！
C'est fini.　終わりました.
À la semaine prochaine !　また来週！／À bientôt.　近いうちに.

8　huit

Escapades!

辞書の引き方 *Comment consulter le dictionnaire*

辞書を引くと単語の意味のほかに，発音，品詞，活用パターン，名詞の性，（名詞や形容詞の）女性形・複数形などがわかります．

014

例 <名詞の場合1> école [ekɔl] 名女
女性名詞

<名詞の場合2> étudiant [etydijɑ̃] 名男, étudiante [etydijɑ̃t] 名女
男性名詞　　　　　　　　　　　　　　　　　　女性名詞
同じ学生だが，前者は「男子学生」，後者は「女子学生」の意味．

<形容詞の場合> doux, douce [du, dus] 形
男性形，次が女性形　　　形容詞

Exercice 1 辞書に載っている順序を調べ，1〜4の番号を書きましょう． 015
Mettez les mots dans l'ordre du dictionnaire, de 1 à 4.

(1) (　) université (　) café (　) stylo (　) dictionnaire
(2) (　) bonjour (　) merci (　) oui (　) bien
(3) (　) leçon (　) léger (　) lune (　) légume

Exercice 2 辞書のページを見てみましょう． tour を調べると，男性名詞と女性名詞の項目があります．意味が違っていますね．
男性名詞や女性名詞とは何でしょう？　第1課で説明されています．

*tour¹ [tur] 名女 ❶（建物から突き出た）塔，櫓 // Le château est flanqué de plusieurs *tours*. 城は側面に櫓がいくつも付いている ⇨ donjon, tourelle / De chez lui, il voit les *tours* de Notre-Dame de Paris. 彼の家から，パリのノートルダム聖堂の鐘楼が見える
❷高層ビル // Son appartement est au vingtième étage d'une *tour*. 彼のアパルトマンは高層ビルの21階にある ⇨ gratte-ciel　注 gratte-ciel「摩天楼」は北アメリカのビルディングを指すのが普通
❸タワー，塔，細長い建物 // De nombreux touristes visitent la *tour* Eiffel, à Paris. 多くの観光客がパリのエッフェル塔を訪れる / Les aiguilleurs du ciel guident les avions du haut de la *tour de contrôle*. 航空管制官は管制塔の上から飛行機を誘導する / La fusée est sur la *tour de lancement*, prête à partir. ロケットは発射台の上で打ち上げを待っている
❹（チェスの）ルーク // L'un des joueurs s'est fait prendre sa *tour*. 一方のプレーヤーがルークをとられた (✦ se faire+不定詞) はしばしば受動態として使われる)
❺une *tour d'ivoire* 象牙の塔 // L'artiste ne doit pas s'enfermer dans sa *tour d'ivoire*. 芸術家は象牙の塔に閉じこもっていてはならない

*tour² [tur] 名男
I ❶周囲，回りの長さ // Le forestier mesure le *tour de l'arbre*. 営林署員は木の幹回りを測る / Elle fait soixante centimètres de *tour de taille*. 彼女はウエストが60センチだ
❷*faire le tour* d'un lieu 場所を一回りする，見て回る / Elle fait le *tour du pâté de maisons*. 彼女は街の一角を一回りする / Nous *avons fait le tour* de la question. 私たちは問題を一とおり検討した
❸*faire un tour* ちょっと出かける，近くを散歩する / Je sors, je vais *faire un tour*. 外出します，ちょっと一回りしてきます / Il fait beau, allons *faire un tour à la campagne*. 天気がいいから，ちょっと田園に散歩に行こう 《くだけた表現》virée

❹*le tour de* …の一周 / Il *a fait le tour du monde* en bateau. 彼は船で世界一周した / Ils ont fait *le tour de* l'Espagne en circuit organisé. 彼らは団体の周遊ツアーでスペインを一巡りしてきた / *Le tour de France* prend le départ demain. ツール・ド・フランスは明日スタートだ
❺（トラックなどの）1周 // Le coureur a parcouru un *tour* en deux minutes. ランナーは2分でトラックを1周した / Le champion fait un *tour de piste* triomphal. 勝った選手はトラックを1周ウイニング・ランする / 《くだけた表現》C'est reparti pour un *tour*. またひとしきり始まった
❻曲がりくねった線 // La route fait des *tours* et des détours. 道路は曲がりくねっている
II ❶回転，回すこと // La danseuse fait des *tours* sur elle-même. ダンサーは1か所でくるくる回転する ⇨ pirouette, rotation / Elle a donné deux *tours de clé* à la serrure en partant. 彼女は出かける時，鍵を錠に差して2回回した / Ferme la porte *à double tour*. 鍵を2回回して戸締まりして / La voiture a démarré *au quart de tour*. 車のエンジンはすぐかかった / Les deux chefs d'État ont fait un vaste *tour d'horizon* de la situation internationale. 両首脳は国際情勢を広く概観した
❷*à tour de bras* 腕の力を振り絞って / Il a lancé la balle *à tour de bras*. 彼はボールを力いっぱい投げた
❸un *tour de main* 手先の器用さ / J'admire le *tour de main* du potier. 陶工の手先の器用さには感心する ⇨ adresse², habileté, savoir-faire
❹un *tour de reins* 腰痛，ぎっくり腰 // Elle s'est fait un *tour de reins* en portant un sac de ciment. 彼女はセメント袋を運んでぎっくり腰になった (✦原因あるいは時を表すジェロンディフ ☞ 文法解説 XIII 4. a), c)) ⇨ lumbago

『ロベール・クレ仏和辞典』
（駿河台出版社）より

neuf　9

Leçon 1　Grammaire & Exercices

1　名詞の性と数 *Nom : masculin, féminin, singulier, pluriel* 016

すべての名詞には文法上の性と数がある.

性 ― **男性名詞**と**女性名詞**の区別がある.

男性名詞 (m.)	père	ami	sac	vin	Japon
女性名詞 (f.)	mère	amie	rose	baguette	France

数 ― **単数形**と**複数形**の区別がある.

　　　単数形 ＋ **s** → 複数形　　sac → sacs

▶このsは発音しない.

2　冠詞 *Articles*

① 不定冠詞 *Article indéfini*　不特定・加算名詞　（あるひとつの〜, いくつかの〜）　017

	単数 (s.)	複数 (pl.)
男性 (m.)	un	des
女性 (f.)	une	des

un sac　　　　des sacs　バッグ
une baguette　des baguettes　フランスパン
un ami　　　　des amis　友

② 定冠詞 *Article défini*　加算名詞・不可算名詞につく　018

（1）特定のもの, 既知のもの（その〜, それらの〜）をさす.（2）総称（というもの）を意味する.

	単数 (s.)	複数 (pl.)
男性 (m.)	le (l')	les
女性 (f.)	la (l')	les

le sac　　　　les sacs
la baguette　 les baguettes
le Japon　日本　la France　フランス（国名）

▶母音（無音のh）で始まる名詞の前では, 男性形も女性形もl'になる.

3　提示表現I *C'est... / Ce sont...* 019

　　c'est ＋ 単数形の名詞　　　　ce sont ＋ 複数形の名詞

> エリジヨン ce → c',
> de → d' など
> ☞ Appendice 1

C'est un sac. C'est le sac de Charles.　バッグです. シャルルのバッグです.

Ce sont des sacs. Ce sont les sacs d'Élise.　バッグ（複数）です. エリーズのバッグです.

10　dix

Escapades!

◆◆◆◆◆◆◆◆◆◆◆◆◆◆ **Exercices** ◆◆◆◆◆◆◆◆◆◆◆◆◆◆

1. 音声を聞いて，次の名詞に不定冠詞をつけましょう．*Dictée* 020

    (1) (   ) baguette   (2) (   ) roses   (3) (   ) glaces
    (4) (   ) voisin   (5) (   ) amie   (6) (   ) amis

2. 音声を聞いて，次の名詞に定冠詞をつけましょう．*Dictée* 021

    (1) (   ) baguette   (2) (   ) sac   (3) (   ) glaces
    (4) (   ) voisin   (5) (   ) amie   (6) (   ) amis
    (7) (   ) cadeau   (8) (   ) Japon   (9) (   ) France

3. 右の囲みの中から適切なものを選び，(   )に入れましょう．*Choisissez les mots qui conviennent.* 022

    Exemple : C'est un sac. C'est le sac de Charles.

    (1) C'est (   ) journal. C'est (   ) journal de Farid.
    (2) C'est (   ) voiture. C'est (   ) voiture d'Élise.
    (3) Ce sont (   ) lunettes. Ce sont (   ) lunettes de Charles.
    (4) Ce sont (   ) roses. Ce sont (   ) roses de Caroline.

    | un |
    | une |
    | des |
    | le |
    | la |
    | l' |
    | les |

📖 パリの名所について，フランス語で答えましょう． 023

1. Notre-Dame, c'est…
    ① un cinéma.
    ② une cathédrale.
    ③ une université.

2. La Seine, c'est…
    ① un fleuve.
    ② une île.
    ③ un pont.

3. Le Louvre, c'est…
    ① un hôpital.
    ② une boutique.
    ③ un musée.

4. L'Arc de Triomphe, c'est…
    ① un monument.
    ② une école.
    ③ une église.

onze 11

Leçon 1　　Dialogue & Activités

024 / 025

Carolineは自宅のパーティーに友人(Charles, Claire, Élise, Farid)を招きます．そこへ夫のAlainが買い物から帰ってきます．*Dans une soirée, la maîtresse de maison (Caroline) présente les invités les uns aux autres (Claire, Charles, Élise, Farid). Puis son mari (Alain) arrive avec quelques provisions.*

Caroline :	Bonjour, Claire ! Charles, c'est Claire.
Charles :	Bonjour, Claire.
Claire :	Bonjour, Charles.
Caroline :	C'est Élise, une amie, et Farid, un voisin.
Élise & Farid :	Bonjour.
Caroline :	Oh, ce sont des roses ! Merci, Farid !
Claire:	C'est un cadeau.
Caroline :	Merci, Claire !
Alain :	Caroline, ce sont les glaces…
Caroline :	Ah, merci, Alain.
Alain :	…et les baguettes.
Farid :	Ah, c'est Alain ! Salut !
Alain :	Salut ! (*à tous*) Bonjour, bonjour, bonjour !

1　あいさつをする *Saluer*　026

027

- Bonjour*, Mademoiselle**.
- Bonjour, Monsieur.
- Comment allez-vous ?
- Très bien, merci. Et vous ?
- Très bien, merci.
　［…］
- Au revoir.

丁寧なあいさつ

- Salut !
- Salut !
- Ça va ?
- Oui, merci. Et toi ?
- Ça va.
　［…］
- Salut !

親しいあいさつ

*夕刻以降は，Bonsoirを使う．　　**既婚女性，婦人にはMadameを使う．

Exercice　あいさつ表現を聞いて書きとりましょう．*Dictée*　028

(1) (　　　　　), Madame.　　　(2) (　　　　　), Charles !
(3) (　　　　　), Monsieur.　　　(4) (　　　　　), Caroline !

2　数字を聞いて書きとりましょう．*Dictée*

数字0〜10 (*Les nombres de 0-10*)　029

0	zéro	1	un (une)	2	deux	3	trois	4	quatre	5	cinq
6	six	7	sept	8	huit	9	neuf	10	dix		

030
(1) (　　　　) roses　　(2) (　　　　) baguettes　　(3) (　　　　) magazines
(4) (　　　　) cafés　　(5) (　　　　) salades　　(6) (　　　　) soupe
(7) (　　　　) journal　(8) (　　　　) glaces　　(9) (　　　　) voisins

*後に子音字で始まる単語がくる場合，6 (six), 8 (huit), 10 (dix)の語末の子音字は発音されない．
　5 (cinq)の語末の子音字は発音されない時もある．

12　douze

Escapades!

3 リエゾンやアンシェヌマンに気をつけて発音しましょう. *Prononciation* 031

un euro　　deux euros　　trois euros　　quatre euros　　cinq euros

six euros　　sept euros　　huit euros　　neuf euros　　dix euros

4 レストランのメニューから朝食にとりたいものを選び, 不定冠詞 (un, une, des) をつけましょう. 値段も読んでみましょう. *Sur cette carte de restaurant, choisissez ce qui vous plaît pour le petit déjeuner et mettez l'article indéfini un, une, des, qui convient. Lisez également les prix.* 032 / 033

€ = euro (s)

*メニューでは頭文字は大文字ですが, 冠詞をつける時には小文字にしましょう.

Carte
Petit déjeuner

Thé 3€ (m.)　紅茶
Café 3€ (m.)　コーヒー
Chocolat 4€ (m.)　ココア
Lait 2€ (m.)　ミルク
Eau minérale 2€ (f.)
ミネラルウォーター

Salade 5€ (f.)　サラダ
Soupe 3€ (f.)　スープ
Omelette 4€ (f.)　オムレツ
Sandwich jambon 7€ (m.)
ハムのサンドイッチ
Salade de fruits 6€ (f.)
フルーツサラダ
Yaourt 2€ (m.)　ヨーグルト
Céréales 3€ (f. pl.)　シリアル

5 次の名詞はふつう複数形で使います. 定冠詞と不定冠詞をつけ, 声に出して読んでみましょう. *Ces noms s'utilisent le plus souvent ou toujours au pluriel. Attribuez-leur l'article défini et l'article indéfini puis lisez-les à haute voix.* 034 / 035

écouteurs (m. pl.)

lunettes (f. pl.)

chaussures (f. pl.)

chaussettes (f. pl.)

gants (m. pl.)

bottes (f. pl.)

cheveux (m. pl.)

pâtes (f. pl.)

☞ 複数形 p.42, Appendice 1

treize　13

Leçon 2　Grammaire & Exercices

1　主語人称代名詞 *Pronom personnel sujet* 036

	単数		複数	
1 人称（話者）	je	私は	nous	私たちは
2 人称（話している相手）	tu	きみは	vous	あなた（たち）は/君たちは
3 人称（それ以外）	il	彼は/それは	ils	彼らは/それらは
	elle	彼女は/それは	elles	彼女たちは/それらは

▶ tu は親しい間柄の場合に使い，それ以外の場合には相手が1人であっても vous を用いる．

▶ 3人称は人だけでなく，ものや事柄も受ける．

> je はつづく語が母音字，または無音の h で始まる場合，エリジヨンして j' となる．

2　être の直説法現在（〜にいる・〜である）*Être*

être の活用形 037

je	suis	nous	sommes
tu	es	vous	êtes
il	est	ils	sont
elle	est	elles	sont

038

Il est à Paris.　彼はパリにいます．
［à 〜:（場所）〜に］

Je suis de Tokyo.　私は東京出身です．
［de〜: 〜（場所）出身の，〜から］

> 「私たち」，あるいは一般的に「人々」を表す場合に，on も使われる．文法上は3人称単数扱いになるので，続く動詞の活用も3人称単数の活用になる．
>
> ex. On est de Lyon.
>
> 例：私たちはリヨン出身です．

3　形容詞の性・数 *Accord en genre et en nombre* 039

形容詞はそれが関係する名詞や代名詞の性・数に従って変化する．

	単数	複数
男性	-	-s
女性	-e	-es

Il	est	petit.
Ils	sont	petits.
Elle	est	petite.
Elles	sont	petites.

4　［構文］主語＋動詞＋属詞 *[Phrase] Sujet + verbe + attribut* 040

（属詞＝主語が「どのようか/何であるか」を言い表す語．属詞には形容詞，国籍，職業，身分を表す名詞を置くことができる．）

Je suis petit.　私は小柄です． / Il est suisse.　彼はスイス人です．

Caroline est informaticienne.　カロリーヌは情報処理技術者です．

> 属詞として用いられた国籍を表す無冠詞名詞は Suisse のように語頭の字を大文字で書くこともある．

5　否定形 *Négation*

動詞を ne (n') と pas ではさむ．

être の否定形 041

je	ne suis pas	nous	ne sommes pas
tu	n' es pas	vous	n' êtes pas
il	n' est pas	ils	ne sont pas
elle	n' est pas	elles	ne sont pas

042

Je ne suis pas peintre.

私は画家ではありません．

Il n'est pas français.

彼はフランス人ではありません．

14　quatorze

Escapades!

◆◆◆◆◆◆◆◆◆◆◆◆◆◆ **Exercices** ◆◆◆◆◆◆◆◆◆◆◆◆◆◆

1. 次の人やものを主語人称代名詞で受けるとき，何で受ければいいでしょうか．( )に書きましょう． *Écrivez les pronoms personnels qui conviennent.* 043

    (1) 私 (　　　　)　　(2) あなた(丁寧な言い方)(　　　　)　　(3) Alain (　　　　)
    (4) Élise et Claire (　　　　)　　(5) Élise et le frère d'Élise (　　　　)
    (6) la maison de Farid (　　　　)　　(7) les amis de Caroline (　　　　)

2. 次の文の主語を指示に従って書き換え，全文を書き改めましょう． *Réécrivez les phrases avec le sujet indiqué entre parenthèses.* 044

    (1) Nous sommes à Paris. (tu)　　(2) Je suis de Tokyo. (ils)
    (3) Vous êtes de Pékin ? (Madame Yang)

3. 下線部を適切な形にしましょう． *Correction de l'accord* 045

    (1) Elle est <u>grand</u>.　　(2) Les chaussures de Claire sont <u>petit</u>.

4. 下の囲みの中から適切な形を選び，( )に入れましょう． *Choisissez le nom qui convient.* 046
    (1) Alex est (　　　　). (アレックス, 男性)
    (2) Midori est (　　　　). (ミドリ, 女性)
    (3) Midori et Alex sont (　　　　).

    > étudiant / étudiante / étudiants / étudiantes

5. 次の文を否定文に書き換えましょう． *Négation* 047
    (1) Ils sont à Bruxelles.　　(2) Madame, vous êtes anglaise ?
    (3) Alain est médecin.

6. 音声を聞き，( )に適切な語を入れて，文を完成させましょう． *Dictée* 048
    (1) Je (　　　　) étudiante.
    (2) Ils (　　　　) japonais.
    (3) Elle (　　　　) informaticienne.

会話のスタイル 049

　会話のスタイルは文化によって違います．フランス人はたくさん喋り，特に自分のことをよく話します．また，お互いに相手の発言を途中で遮って話し始めることもあります．これは相手の話に興味を引かれて，おしゃべりに夢中になっているからなのです．議論が白熱すると声高になり，早口になることがありますが，決して口喧嘩をしているわけではありません．

　逆にフランス人は，日本人の短い返答や沈黙に「カルチャーショック」を受けます．相手のいうことが聞き取れなかったら，沈黙したり，笑ってごまかさないで，聞き返して，答えましょう！ Pardon ? / Comment ? / Quoi ? Oui, Non, もはっきり言いましょう．

Leçon 2 — Dialogue & Activités

050 / 051

Caroline と Alain の家に集まった来客がお互いの情報を交換しています。*Pendant la soirée chez Caroline et Alain, tout le monde discute et donne des informations personnelles.*

Caroline :	Charles est informaticien. Il est suisse.
Claire :	Ah ! Tu n'es pas français…
Alain :	Nous sommes collègues.
Élise :	Ah, oui ? Tu es informaticien, Alain ?
Alain :	Oui. Nous sommes trois informaticiens, ici.
Élise :	…Vous êtes trois informaticiens ?!
Alain :	Oui, Caroline est informaticienne aussi !
Élise :	Ah, d'accord !
Charles (à Claire) :	Tu es employée ?
Claire :	Non, je ne suis pas employée, je suis étudiante. Et Élise est comédienne. …Et Farid ?
Alain :	Farid ? Il est ingénieur, et il est marocain.

＊登場人物のプロフィールは下敷きを見ましょう。

1 上の会話の内容と一致するものには○，一致しないものには×，会話からはわからないものには？をつけましょう。*Vrai ou faux ? Avez-vous compris le dialogue ? Relisez le dialogue et dites si c'est vrai, faux, ou si on ne sait pas.* 052

(1) Charles est français. (　)   (2) Alain et Charles sont collègues. (　)

(3) Caroline est comédienne. (　)   (4) Farid est informaticien. (　)

(5) Élise est étudiante. (　)   (6) Farid est marocain. (　)

2 発音しましょう。*Prononciation* 053

[国名 → 〜人]

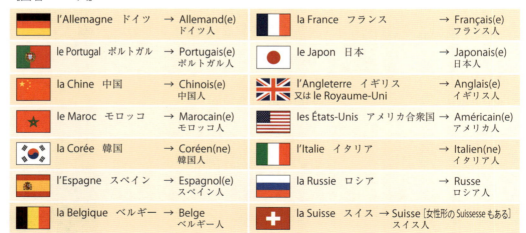

	l'Allemagne ドイツ	→ Allemand(e) ドイツ人		la France フランス	→ Français(e) フランス人
	le Portugal ポルトガル	→ Portugais(e) ポルトガル人		le Japon 日本	→ Japonais(e) 日本人
	la Chine 中国	→ Chinois(e) 中国人		l'Angleterre イギリス 又は le Royaume-Uni	→ Anglais(e) イギリス人
	le Maroc モロッコ	→ Marocain(e) モロッコ人		les États-Unis アメリカ合衆国	→ Américain(e) アメリカ人
	la Corée 韓国	→ Coréen(ne) 韓国人		l'Italie イタリア	→ Italien(ne) イタリア人
	l'Espagne スペイン	→ Espagnol(e) スペイン人		la Russie ロシア	→ Russe ロシア人
	la Belgique ベルギー	→ Belge ベルギー人		la Suisse スイス	→ Suisse [女性形の Suissesse もある] スイス人

16　seize

Escapades!

3 次の人物の国籍を表す言い方が正しいか確認し、もし必要ならば語尾に付け足して（初めの文）、職業を表す単語を書き入れましょう（二番目の文）. その場合に性数一致に気をつけましょう.

Vérifiez l'accord de l'adjectif de nationalité (à gauche) et complétez les phrases avec le nom indiquant la profession au masculin ou au féminin (à droite). 054

(1) Amalia est portugais___. Elle est_____. （歌手）
(2) Isabella est italien___. Elle est_____. （会社員）
(3) Elles sont coréen___. Elles sont _____. （大学生）
(4) Il est français___. Il est _____. （画家）
(5) David est américain___. Il est _____. （作家）
(6) Federico est espagnol___. Il est _____. （デザイナー）

055 *Professions* chanteur / chanteuse（歌手）, écrivain（作家）, étudiant / étudiante, employé / employée, informaticien / informaticienne, médecin（医者）, musicien / musicienne（音楽家）, peintre（画家）, professeur（先生）, styliste（デザイナー）

4 自己紹介してみましょう.（国籍, 職業・身分, 特徴・性格をいう）　*Présentez-vous !* 056

国籍 Nationalité	Je suis _____
出身 Ville d'origine	Je suis de (d') _____.
職業・身分 Profession	Je suis _____
特徴・性格 Traits caractéristiques	Je suis _____

057 * Je suis étudiant(e)：en + 無冠詞で,「〜専攻の学生です」という意味になります.
　　Je suis étudiant *en littérature*. 僕は文学専攻の（男子）学生です.
　　Je suis étudiante *en économie*. 私は経済学専攻の（女子）学生です.

058 *Traits caractéristiques* petit(e)（小さい）, grand(e)（大きい）, calme（静かな）, bavard(e)（おしゃべりな）, optimiste（楽天的な）, gentil(le)（親切な）, intelligent(e)（知的な）, gai(e)（陽気な）, réservé(e)（控え目な）, timide（内気な）, dynamique（エネルギッシュな）, drôle（おもしろい）, sympathique（感じのよい）（=sympaこの場合は性数一致なし）

フランスの地方語

地方色豊かな「フランス」. さらに, 様々な民族が混血して成り立っている「フランス」. 現在では, 4人に1人が両親または祖父母に外国人をもつという移民国家で, ポルトガル人, アルジェリア人に次いでモロッコ, イタリア, スペイン, チュニジア, トルコ, アフリカ諸国の出身者も多いのです. パリなどの大都市圏では異なる人種, 民族, 宗教, 地域言語が混在する中で, 共通言語として用いられている「フランス語」. 多様な社会の中で, 人と人とをつなぐ「フランス語」の果たす役割は大きいのです.

dix-sept 17

Leçon 3 — Grammaire & Exercices

1 動詞 avoir の直説法現在 *Avoir*

avoir の活用形 059

j'	ai	nous	avons
tu	as	vous	avez
il	a	ils	ont
elle	a	elles	ont

avoir の否定形 060

je	n'ai	pas	nous	n'avons	pas
tu	n'as	pas	vous	n'avez	pas
il	n'a	pas	ils	n'ont	pas
elle	n'a	pas	elles	n'ont	pas

061　J'ai une moto.　バイクを持っています.
　　　Vous avez quel âge ? – J'ai dix-huit ans.　何歳？ — 18歳です.

〈否定の冠詞 de〉
　主語 + 他動詞 + 直接目的語 の文型で否定文のとき，直接目的語につく不定冠詞および部分冠詞は de (d') となる.

*quel はページ下の疑問形容詞を参照

avoir を使った表現 063
　avoir chaud 暑い / froid 寒い
　avoir faim 空腹だ / soif のどが渇いた
　avoir sommeil 眠い

062　J'ai une moto. → Je n'ai pas de moto.
　　　バイクを持っています. → バイクは持っていません.

2 疑問文 I（単純疑問文, Oui/ Non/ Si） *Phrase interrogative simple, réponse : Oui/Non/Si*

① イントネーション（口語でよく使われる）
064　Tu as une adresse e-mail ?　Eメールアドレスを持ってる?

② 文頭に Est-ce que (Est-ce qu') をつける
　　Est-ce que tu as une adresse e-mail ?

③ 主語人称代名詞と動詞を倒置し，〈 - 〉（トレデュニオン）でつなぐ.
　　As-tu une adresse e-mail ?

〈主語が名詞のとき〉
066　Charles est-il suisse ?　シャルルはスイス人ですか?

▶ 答え方
〈肯定疑問文〉Tu es étudiante ?　君は (女子) 学生なの?
　— Oui, je suis étudiante.　はい, 学生です.
　— Non, je ne suis pas étudiante. Je suis comédienne.
　　いいえ, 学生ではありません. 舞台女優です.

065
3人称単数の動詞活用形が母音で終わるときの倒置では, 発音をととのえるために, 動詞と il, elle の間に 〈 -t- 〉を入れる.
　Il a une moto ?
　→ A-t-il une moto ?
　彼はバイクを持っていますか?

主語が名詞の場合は名詞を前に出して, それを受けた人称代名詞と動詞を倒置する.
　Élise a-t-elle un vélo ?
　エリーズは自転車を持っていますか?

067　〈否定疑問文〉Tu n'es pas étudiante ?　君は (女子) 学生じゃないの?
　— Si, je suis étudiante.　いいえ, 学生です.
　— Non, je ne suis pas étudiante.　はい, 学生ではありません.

疑問形容詞 *quel / quelle/ quels / quelles* 068

	単数	複数
男性	quel	quels
女性	quelle	quelles

069
Quel(le) est ... ? / Quel(le)s sont ... ?「〜は何ですか?」
Quels sont vos loisirs ?　ご趣味は何ですか?
　　　☞ vos「あなたの」L4 所有形容詞
Quel(le)(s) + 名詞 ...?「どのような〜?」
Quel âge avez-vous ?　何歳ですか?

18　dix-huit

Escapades!

◆◆◆◆◆◆◆◆◆◆◆◆◆◆◆ Exercices ◆◆◆◆◆◆◆◆◆◆◆◆◆◆◆

1. 各文の主語を（　）の語に変えて，全文を書き改めましょう．*Réécrivez les phrases avec le sujet indiqué.* 070

   (1) Vous avez une moto ? (tu)

   (2) J'ai un vélo. (il)

   (3) Nous avons une voiture. (elles)

   (4) Elle a des amis. (vous)

2. 上の問題文(1)〜(4)を否定文に書き換えましょう．*Mettez les phrases de l'ex. 1 à la forme négative.* 071

3. （　）の指示に従って疑問文を書き換えましょう．*Transformez les phrases selon les indications données entre parenthèses.* 072

   (1) Vous avez des amis à Paris ?（est-ce queを使った疑問文）

   (2) Il a faim ?（est-ce queを使った疑問文）

   (3) Ils sont français ?（倒置による疑問文）

   (4) Alain est musicien ?（倒置による疑問文）

4. 音声を聞き，（　）に適切な語を入れて，文を完成させましょう．*Dictée* 073

   (1) J' (　　　　　　) (　　　　　　　　　　) dictionnaire.

   (2) Farid n' (　　　　　　) (　　　　　　　　) (　　　　　　) frères.

   (3) Elles (　　　　　) sont (　　　　　　　) françaises ?
      – (　　　　　　), elles sont françaises.

   (4) Nathalie a (　　　　　　　) âge ? – Elle (　　　　　　　) dix-neuf ans.

🔖 フランスの手工芸　L'artisanat en France

貴婦人と一角獣（La Dame à la Licorne）

15世紀フランドルで作られた，中世タペストリー（フランス語ではtapisserie）の最高傑作のひとつ．パリのクリュニー美術館（中世美術館）所蔵．タペストリーは室内装飾用の織物のことで，城や宮殿を飾るため数多く作製されました．このタペストリーのような文化財の修復には，高度な刺繡技術が必要とされ，フランスにはその分野専門の刺繡工房があります．その歴史はフランス革命にまでさかのぼるといわれ，伝統保存に大きな役割を果たしています．

dix-neuf 19

Leçon 3 — Dialogue & Activités

074 / 075

記者が通行人にアンケートを行っています. *Enquête dans la rue. Une journaliste pose des questions.*

Journaliste :	Monsieur, est-ce que vous avez une voiture ?
Farid :	Euh... Oui, j'ai une voiture et une moto.
Journaliste :	Et vous, Mademoiselle, avez-vous une voiture ?
Élise :	Non, mais j'ai deux vélos !
Journaliste :	Quel âge avez-vous ?
Élise :	Euh... 27 ans.
Journaliste :	Et vous, Monsieur, quel âge avez-vous ?
Farid :	J'ai 32 ans.
Journaliste :	Et quels sont vos loisirs ?
Farid :	Le sport. Les voyages.
Élise :	La danse, le cinéma... Le théâtre.
Journaliste :	Merci. Au revoir !
Farid :	À propos, tu as une adresse e-mail ?
Élise :	Oui, c'est elise@pariszone.fr

*Euh..「えーっと」, À propos「ところで」

数字11〜90 076
(Les nombres de 11-90)

11	onze
12	douze
13	treize
14	quatorze
15	quinze
16	seize
17	dix-sept
18	dix-huit
19	dix-neuf
20	vingt
21	vingt et un
22	vingt-deux
⋮	
29	vingt-neuf
30	trente
31	trente et un
32	trente-deux
⋮	
40	quarante
50	cinquante
60	soixante
70	soixante-dix
71	soixante et onze
80	quatre-vingts
81	quatre-vingt-un
90	quatre-vingt-dix

1 上の会話の内容と一致するものには○，一致しないものには×，会話からはわからないものには？をつけましょう. *Vrai ou faux ? Avez-vous compris le dialogue ? Relisez le dialogue et dites si c'est vrai, faux, ou si on ne sait pas.* 077

(1) Élise a une voiture. (　　)
(2) Les loisirs d'Élise sont le sport et les voyages. (　　)
(3) L'adresse e-mail de Farid est farid@pariszone.fr (　　)
(4) Élise a deux vélos. (　　)
(5) Farid a 32 ans. (　　)
(6) Élise a 32 ans aussi. (　　)

2 フランス語の綴りを書いて発音しましょう. *Écrivez les chiffres et prononcez.* 078

1	un an	6	six ans	[...]	
2	_____ ans	7	_____ ans	18	_____ ans
3	_____ ans	8	_____ ans	19	_____ ans
4	_____ ans	9	_____ ans	20	_____ ans
5	_____ ans	10	_____ ans	21	_____ ans
				22	_____ ans

3 あなた自身のことを答えましょう. *Répondez.* 079

(1) Vous avez quel âge ?
　　–J'_____.
(2) Avez-vous une voiture ?
　　– _____.

20　vingt

Escapades!

4 リストを見て3人の持ち物をフランス語で言いましょう。適切な不定冠詞または数詞をつけましょう。 *Dites ce que ces personnes ont dans leur sac en utilisant le verbe avoir et l'article indéfini ou l'adjectif numéral cardinal qui convient.*

 Midori a 2 boulettes de riz (= *onigiri*), ... 080
Claire a un sandwich, des cerises, ...

Farid 081
bonbons (m. pl.)
3 crayons (m.)
appareil photo numérique (m.)
2 mouchoirs (m.)
ordinateur portable (m.)

Claire 082
magazine (m.)
3 livres (m.)
lunettes (f. pl.)
sandwich (m.)
cerises (f. pl.)
téléphone portable (m.)

Midori 083
2 boulettes de riz (f.)
3 stylos (m.)
carnet (m.)
4 photos (f.)
carte postale (f.)
2 clés (f.)

5 下のリストにあるものを持っているかどうか、クラスメートとたずねあいましょう。 *Jeu de rôles. À partir de la liste ci-dessous, posez des questions à votre voisin(e) en utilisant « Est-ce-que » et le verbe avoir. Puis répondez aux questions d'autres étudiants.* 084

Est-ce que tu as une moto ? – Oui, j'ai une moto.
Est-ce que tu as un chien ? – Non, je n'ai pas de chien.

Moi

085
une moto   un vélo
des lunettes   un chien
des lunettes de soleil   un chat
un ordinateur   un téléphone portable
                  (un smartphone)

星の王子さま Le Petit Prince

『星の王子さま』の原題は *Le Petit Prince*. サン・テグジュペリ Saint-Exupéry が1943年に発表した小説です。
誰もいない砂漠のまんなかに不時着した飛行士の「ぼく」。その前に突然ふしぎな少年が現れます。「ねえ、ヒツジの絵を描いて…」とせがまれた「ぼく」は、遠くの小さな星からやってきた王子と友人になります。王子の言葉は、ずっと忘れていた、たくさんのことを思い出させてくれました。「L'essentiel est invisible pour les yeux. (大切なものは目に見えないんだよ)」。

vingt et un 21

Leçon 4 Grammaire & Exercices

1 第一群規則動詞（-er型動詞）の活用（直説法現在）*Verbes en -er*

parler（話す）086

je	-e	nous	-ons
tu	-es	vous	-ez
il	-e	ils	-ent
elle	-e	elles	-ent

je	parle	nous	parlons
tu	parles	vous	parlez
il	parle	ils	parlent
elle	parle	elles	parlent

aimer（好きである）087

j'	aime	nous	aimons
tu	aimes	vous	aimez
il	aime	ils	aiment
elle	aime	elles	aiment

*語尾で発音するのは -ons（オン）と -ez（エ）のみで，それ以外は発音しない．

次の動詞を活用させましょう． 088
chanter	danser	voyager	adorer
étudier	chercher	marcher	travailler
écouter	habiter	donner	regarder
		arriver	désirer

2 疑問文 II（疑問詞を用いる疑問文）*Phrases interrogatives*

① 疑問代名詞 *Pronom interrogatif* 089

人	Qui est-ce ? — C'est Juliette Binoche.　誰ですか？　－ジュリエット・ビノシュです．
物事	Qu'est-ce que c'est ? — C'est la moto de Farid. これは何ですか？－ファリッドのバイクです． Qu'est-ce que vous désirez ? — Un thé, s'il vous plaît. 何をご所望ですか？－紅茶をお願いします．

② 疑問副詞 *Adverbe interrogatif* 090

時	いつ	Quand désirez-vous le café ? — Après le repas, s'il vous plaît. いつコーヒーをご所望ですか？－食事の後にお願いします．（レストランでの会話）
場所	どこ	Vous habitez où ? — J'habite à Nice. どちらにお住まいですか？－ニースに住んでいます．
様態	どのように	Tu voyages comment ? — En train.　どのように旅行しますか？－電車で．
理由	なぜ 〜だから	Pourquoi tu aimes le thé nature ?　どうしてストレートティーが好きなの？ Parce que c'est bon pour la santé.　健康にいいからです．
数量	いくつ いくら	Combien de montres est-ce que tu as ? — J'ai deux montres. 腕時計をいくつ持っていますか？－腕時計を2つ持っています． C'est combien ? — C'est trente euros.　いくらですか？－30ユーロです．

▶ まとめ　以上が疑問代名詞でもよく使われる形です．疑問副詞の文型は 3 通りあります．
(1) 疑問詞を文頭に置き，次は主語，動詞，又は倒置，(2) 疑問詞の後 est-ce que 主語
＋動詞，(3) 疑問詞を文末に置く．（ただし pourquoi だけは文末に置けない．）

3 人称代名詞の強勢形 *Pronoms personnels toniques*

091
(je)	moi	(nous)	nous
(tu)	toi	(vous)	vous
(il)	lui	(ils)	eux
(elle)	elle	(elles)	elles

① 主語の強調　　　　　　　　　　　　092
Moi, j'adore le café.　私はコーヒーが大好きです．

② 対話中の返答などで
Ça va ? — Ça va bien, merci. Et toi ?
元気？－元気です．君は？

③ c'est, ce sont の後
Qui parle russe ? — C'est moi.
ロシア語を話せるのは誰？－私です．　*主語（人）を聞くときにも疑
問代名詞 qui が使われます．

④ 前置詞の後
Elle travaille avec des amis. → Elle travaille avec eux.
彼女は友達と仕事をします．→　彼女は彼らと仕事をします．

22　vingt-deux

Escapades!

◇◇◇◇◇◇◇◇◇◇◇◇ Exercices ◇◇◇◇◇◇◇◇◇◇◇◇

1. （　）の動詞を活用させて，文を完成させましょう． *Complétez les phrases en conjuguant les verbes au présent de l'indicatif.* 093

    (1) Elle (　　　　　　　　　) dans un restaurant. (travailler)

    (2) Je (　　　　　　　) une robe à Élise. (donner)

    (3) Nous n' (　　　　　　　) pas à Paris. (habiter)

    (4) Il ne (　　　　　　) pas vite. (marcher)

    (5) Un oiseau (　　　　　　　). (chanter)

2. （　）に適切な疑問詞を入れて，会話を完成させましょう． *Complétez avec le mot interrogatif adéquat.* 094

    (1) (　　　　　　　　) tu étudies à l'université ? — J'étudie la littérature.

    (2) (　　　　　　　) ? — C'est le vélo d'Élise.

    (3) (　　　　　　　) ? — C'est Claire.

    (4) Tu habites (　　　　　　　) ? — J'habite à New York.

    (5) (　　　　　　　) voyagent-ils ? — Ils voyagent en voiture.

    (6) (　　　　　　) est-ce que vous arrivez à Paris ? — Demain.

3. （　）に適切な人称代名詞の強勢形を入れて，文を完成させましょう． *Complétez avec le pronom personnel tonique adéquat.* 095

    (1) Je danse avec (　　　　　) parce qu'il danse bien.

    (2) Qu'est-ce que vous étudiez ?

         — (　　　　　　), j'étudie le français. Et (　　　　　), elle étudie l'anglais.

    (3) Est-ce que tu habites chez Alain et Caroline ? — Oui, j'habite chez (　　　　　).

4. 音声を聞き，（　）に適切な語を入れて，文を完成させましょう． *Dictée* 096

    (1) Moi, (　　　　) (　　　　) la télé. Mais vous, (　　　　) (　　　　) la radio.

    (2) Tu (　　　　　) avec (　　　　　).

    (3) (　　　　) (　　　　　) à Paris, mais elles ne (　　　　　) pas français.

vingt-trois　23

Leçon 4

Dialogue & Activités

097 / 098

Claire と Élise がカフェでおしゃべりをしています。2人は店内に女優の Juliette Binoche がいることに気づきます。*Claire et Élise se sont retrouvées dans un café et parlent de choses et d'autres. Dans la salle, elles reconnaissent l'actrice Juliette Binoche.*

Le serveur :	Bonjour. Qu'est-ce que vous désirez ?
Claire :	Un café, s'il vous plaît.
Élise :	Un thé, s'il vous plaît.
Le serveur :	Comment désirez-vous le thé, Mademoiselle ?
Élise :	Nature, s'il vous plaît.
	…Qu'est-ce que tu regardes ?
Claire :	La fille, là, qui est-ce ? Ce n'est pas une actrice ?
Élise :	Qui ? Où est-elle ? Oh ! C'est Juliette Binoche !!!
Claire :	Ah ! J'aime beaucoup Juliette Binoche ! Et toi ?
Élise :	Moi aussi, j'adore !
	Elle travaille beaucoup avec des réalisateurs anglais et américains.
Claire :	Ah, oui, pourquoi ?
Élise :	Parce qu'elle parle très, très bien anglais.

1

上の会話の内容と一致するものには○, 一致しないものには×, 会話からはわからないものには？をつけましょう. *Vrai ou faux ? Avez-vous compris le dialogue ?* 099

(1) Claire désire un café. (　)

(2) Élise désire un thé nature. (　)

(3) L'actrice est Juliette Binoche. (　)

(4) Élise et Claire n'aiment pas beaucoup Juliette Binoche. (　)

(5) L'actrice ne parle pas anglais. (　)

(6) Juliette Binoche travaille avec des réalisateurs américains. (　)

2

カフェで注文してみましょう. *Jeu de rôles. Dans un café, vous passez une commande au serveur.* 100

Serveur / serveuse :	Qu'est-ce que vous désirez ?
Client A :	Un café et un sandwich jambon-beurre, s'il vous plaît.
Client B :	Une bière et une crêpe au sucre, s'il vous plaît.
Serveur / serveuse :	Voilà. 18 euros 50, s'il vous plaît.

101

Carte

Boissons :
Café 3,50 €
Thé 4 €
Chocolat 4,50 €
Bière 6 €

Sandwiches :
- *jambon-beurre 6 €*
- *tomates, fromage 5,50 €*
- *saucisson-beurre 5 €*

Desserts :
Salade de fruits 3 €
Gâteau au chocolat 4,50 €
Crêpe au sucre 3 €
Crêpe à la confiture 4 €

*メニューでは頭文字は大文字ですが, 冠詞や数詞をつけるときには小文字にしましょう.

24　vingt-quatre

Escapades!

3 次の人物の好き嫌いを aimer, adorer, détester を用いて紹介しましょう．*Présenter ces personnes en utilisant les verbes « aimer », « adorer », « détester ».* 102

♥ : aimer bien   × : n'aimer pas beaucoup
♥♥ : aimer beaucoup   ×× : n'aimer pas du tout
♥♥♥ : adorer   ××× : détester

103 Caroline aime bien la télé. Elle n'aime pas beaucoup la bière. Elle déteste l'avion.

♥ : la télé, les crêpes, le rock
♥♥ : le cinéma américain, le thé
♥♥♥ : la danse

× : la bière
×× : la cigarette
××× : l'avion

♥ : le café, les gâteaux
♥♥ : les musées, le ski
♥♥♥ : le théâtre, la musique classique, le karaoké

× : la danse
×× : le jambon
××× : la pizza

♥ : l'internet
♥♥ : la lecture
♥♥♥ : le chocolat, le saké

× : les voyages
×× : la bière
××× : le fromage

104 Caroline   105 Charles   106 Midori

4 あなた自身の好き嫌いを書いたあと，« Qu'est-ce que vous aimez (tu aimes) ? » « Qu'est-ce que vous n'aimez pas (tu n'aimes pas) ? » といった表現を使って，隣の人と好き嫌いを尋ねあってみましょう．*Complétez le tableau avec des activités qui vous plaisent, des boissons, des aliments etc., puis entraînez-vous avec d'autres étudiants en posant les questions : « Qu'est-ce que vous aimez (tu aimes) ? ». « Qu'est-ce que vous n'aimez pas (tu n'aimes pas) ? »* 107

Qu'est-ce que tu aimes ? — J'aime beaucoup le yoga, je déteste la cigarette.

♥ : _____   × : _____
♥♥ : _____   ×× : _____
♥♥♥ : _____   ××× : _____

映画 cinéma

1895年にリュミエール兄弟が発明した映画は，フランスでは「第七芸術」(le septième art)として「産業」ではなく「文化」と位置づけられています．映画制作の振興機構(CNC)，映画学校(FÉMIS)，映画祭（5月のカンヌ映画祭が有名）があり，外国人制作の良質な映画にも門戸が開かれています．

Les 400 coups (1959) François Truffaut

Le Roi et l'Oiseau (1980) Paul Grimault

Les Enfants du paradis (1945) Marcel Carné

À bout de souffle (1959) Jean-Luc Godard

Les Rendez-vous de Paris (1994) Éric Rohmer

vingt-cinq 25

Leçon 5　Grammaire & Exercices

1　提示表現Ⅱ *Présentatifs* (108)

① C'est ＋ 単数名詞 / Ce sont ＋ 複数名詞　「それは～です」「それらは～です」（☞ Leçon 1）

② Voici ～ / Voilà ～　「ここに～があります」「あそこに～があります」

　　Voici un parc.　公園があります.

③ Il y a ～ （＋場所を表す表現）　「(…に) ～があります」 ☞ 下敷き

　　Il y a des montagnes russes.　ジェットコースターがあります.

2　形容詞Ⅱ（付加形容詞）　*Adjectifs qualitatifs* (109)

① 名詞の性・数に応じて形容詞も変化する.

　［原則］　女性形＝男性形＋**e**, 複数形＝単数形＋**s**　☞ Appendice1 名詞・形容詞の女性形・複数形の作り方 (p.42)

② 名詞を修飾する形容詞は, 一般的にその名詞の後に置かれる

　　Voici une voiture bleue.　ここに青い車があります.

　　Ce sont des voisins sympathiques.　感じのよい隣人たちです.

　　ただし, よく使われる短い形容詞は名詞の前に置かれる（前置形容詞）.

(110)　(grand / petit, bon / mauvais, vieux /jeune ; nouveau, joli, beau, autre など)

　　Il y a un grand parc.　大きな公園があります. (110)

　　C'est une bonne idée.　よい考えですね. (111)

　　→　並列例　C'est une belle chambre agréable.
　　　　きれいで心地よい部屋です.

> (112) 複数名詞の前に形容詞が置かれる場合, 不定冠詞 des は de (d') になる.
> 　C'est une jolie fille.
> → Ce sont de jolies filles.

> 前置形容詞の例 (113)
> bon → bonne
> vieux → (vieil →) vieille
> nouveau → (nouvel →) nouvelle
> beau → (bel →) belle
> ☞ Appendice 1 形容詞の女性形の作り方

3　指示形容詞　「この (あの, その) ～」「これら (あれら, それら) の～」　*Adjectifs démonstratifs*

(114)

男性単数	女性単数	複数
ce (cet)*	cette	ces

*母音（または無音のh）で始まる名詞の前ではcetになる

Ce parc est très grand.　この公園はとても大きい. (115)

Cet hôtel est cher.　このホテルは高い.

Cette dame porte une jupe jaune.
この婦人は黄色いスカートをはいている.

Ces chaussures sont petites.　この靴は小さい.

4　所有形容詞　「私の～」「君の～」「彼 (彼女) の～」　*Adjectifs possessifs*

(116)

| | | 所有されるもの | | |
		男性単数	女性単数	複数
所有者	je	mon	ma*	mes
	tu	ton	ta*	tes
	il / elle	son	sa*	ses
	nous	notre		nos
	vous	votre		vos
	ils / elles	leur		leurs

*母音（または無音のh）で始まる名詞の前では
それぞれ mon, ton, son になる.

所有者の性・数に合わせるのではなく, 所有されるものの性・数に合わせる. (117)

mon père　ma mère　　mes parents 両親

notre fils 息子 notre fille 娘　nos enfants 子供

ton ami　　ton amie　　tes amis

▶英語の his, her に相当する区別はない.
　son mari　彼女の夫　　sa femme　彼の妻

26　vingt-six

Escapades!

◆◆◆◆◆◆◆◆◆◆◆◆ Exercices ◆◆◆◆◆◆◆◆◆◆◆◆

1. 次の文を，単数形のものは複数形に，複数形のものは単数形にしましょう．*Transformez les phrases du singulier au pluriel, ou du pluriel au singulier.* 118

   Exemple : C'est un sac noir. → Ce sont des sacs noirs.

   (1) C'est une femme élégante. →

   (2) Ce sont des enfants intelligents. →

   (3) Ce sont de jolies fleurs. →

   (4) C'est une grande maison. →

2. （　）に適切な指示形容詞を入れましょう．*Complétez avec l'adjectif démonstratif adéquat.* 119

   (1) (　　　　　) étudiantes parlent trois langues.

   (2) Je n'aime pas (　　　　　) vélo rouge.

   (3) (　　　　　) homme sympathique a les cheveux bruns.

   (4) Il y a de bons restaurants dans (　　　　　) petite ville.

3. （　）に適切な指示形容詞を入れましょう．時を表す言い方になります．*Complétez avec l'adjectif démonstratif adéquat (complément de circonstance).* 120

   (1) (　　　　　) soir, il y a un concert de rock.

   (2) (　　　　　) été, je travaille dans un magasin.

   (3) (　　　　　) année, j'étudie le français.

4. 次の文の動詞をすべての人称に活用させ，所有形容詞を主語と一致させましょう．*Réécrivez les phrases en conjuguant le verbe à toutes les personnes. Accordez l'adjectif possessif avec le pronom sujet. Exemple* : Je cherche mon chien. 121

   → Tu cherches ton chien. Il cherche son chien. Nous cherchons notre chien…

   (1) J'aime bien ma maison.

   (2) Je travaille dans mon bureau.

   (3) J'habite chez mes parents.

📖 BD

フランスにはBD（bande dessinée バンド・デシネ）と呼ばれるコマ割りマンガ，コミックスがあります．1930年代にベルギーでエルジェ作『タンタンの冒険』(*Les Aventures de Tintin*) が刊行されると，世界中で翻訳されます．記者タンタンは愛犬と世界中を旅します．フランスでは1959年に『アステリックスの冒険』(*Les Aventures d'Astérix*) が，ゴシニ（ストーリー執筆）とユデルゾ（コミック担当）の共作によって生まれました．紀元前50年頃古代ヨーロッパのガリア（現フランス）が舞台．主人公アステリックスは小さいながらも賢く機敏，オベリックスはやさしい力持ち．ユリウス・カエサル率いるローマ軍によって征服される危機を乗り越え，ガリアの拠点を守れるかというところが読みどころです．

現在まで両シリーズはベストセラーです．

vingt-sept 27

Leçon 5 — Dialogue & Activités

CarolineとAlainは日本からの留学生Midoriとロシアからの留学生Alexをパリ近郊のテーマパークParc Astérixに連れていきます。*Caroline et Alain ont emmené deux étudiants étrangers (Midori, Japonaise, et Alex, Russe) au parc Astérix.*

Caroline :   Et voici le parc Astérix !
Alain :   Et il y a une place pour ma voiture, super !
Midori :   Ce parc est très grand !
Caroline :   Oui, c'est le deuxième parc de loisirs de France.
Alex :   Il y a des montagnes russes*, j'espère ? Comme les montagnes de mon pays !
Alain :   Bien sûr. Vous avez vos appareils photo numériques*, vos caméras ?
Alex et Midori : Oui, oui !
Caroline :   Voilà vos billets.
Alex et Midori : Merci, Caroline.
Alain :   « Les aventures d'Astérix », c'est ma BD* préférée.
Alex :   C'est une BD sympa, mais plutôt pour les enfants, non ?
Alain :   Moi, je suis grand collectionneur de BD. J'aime toutes les BD !

*montagnes russes ジェットコースター   appareil photo numérique デジタルカメラ   BD (bande dessinée) マンガ, コミック

1 上の会話の内容と一致するものには○, 一致しないものには×, 会話からはわからないものには？をつけましょう. *Vrai ou faux ? Avez-vous compris le dialogue ?*

(1) Le parc Astérix est très grand.　　　　　　　　　　　　(　)
(2) Il y a des montagnes russes.　　　　　　　　　　　　　(　)
(3) Alex et Midori ont des appareils photo numériques.　(　)
(4) Les billets sont chers.　　　　　　　　　　　　　　　　(　)
(5) « Les aventures d'Astérix » n'est pas la BD préférée d'Alain.(　)
(6) Alain aime les BD.　　　　　　　　　　　　　　　　　　(　)

2 自分が身につけているものとその色についてavoirとporterを用いて言ってみましょう. *Observez ces vêtements et accessoires. Dites lesquels vous portez aujourd'hui, et leur couleur. Utilisez AVOIR et PORTER.*

Je porte une écharpe bleue et blanche, un pantalon noir, une chemise rose.
J'ai une montre et des lentilles de contact.

jupe (f.)　　pull (m.)　　cardigan (m.) (gilet) (m.)　　chapeau (m.)　　lentilles de contact (f. pl.)　　bague (f.)　　boucles d'oreilles (f. pl.)

robe (f.)　　chemise (f.)　　cravate (f.)　　manteau (m.)　　lunettes (f. pl.)　　lunettes de soleil (f. pl.)

Escapades!

| | collier (m.) | tee-shirt (m.) | chemisier (m.) | foulard (m.) | écharpe (f.) | montre (f.) | sac (m.) |
| | jean (m.) | pantalon (m.) | ceinture (f.) | chaussettes (f. pl.) | chaussures (f. pl.) | bottes (f. pl.) | baskets (f. pl.) |

couleurs

m.	f.
blanc	blanche
noir	noire
bleu	bleue
rouge	rouge
vert	verte
jaune	jaune
violet	violette
mauve	mauve
rose	rose
gris	grise
orange	orange*
brun	brune
beige	beige

*orange は複数形も同じ形

3 次の人物をフランス語で説明しましょう. *Dites comment sont ces personnes et ce qu'elles portent.*

Ce garçon est petit et mince. Il a les cheveux châtains.
Il porte un pull bleu et un pantalon brun. Il a un chien blanc.

cheveux
1 châtains
2 bruns
3 bruns
4 blonds
5 roux
6 châtains
7 châtains
8 bruns
9 roux

1　　2　　3　　4　　5　　6　　7　　8　　9

4 これまでに出てきた表現を使って, 自分と自分の家族について語ってみましょう. *Dites tout ce que vous pouvez dire sur vous-même et sur votre famille.*

J'habite avec mes parents, mon frère et ma sœur. Mon père travaille dans une banque. Il a les cheveux gris et courts. Il aime la bière. Il a une voiture verte. Ma mère est infirmière...

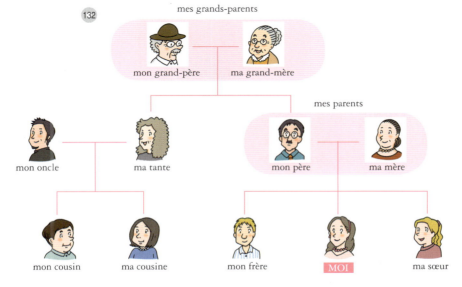

vingt-neuf 29

Leçon 6　Grammaire & Exercices

1　aller, venir の活用（直説法現在）　*Aller / venir* （133）

aller（行く）　　　　　　**venir**（来る）

je	vais	nous	allons
tu	vas	vous	allez
il	va	ils	vont

je	viens	nous	venons
tu	viens	vous	venez
il	vient	ils	viennent

> aller à ＋場所 ～へ行く
> venir de ＋場所
> ～から来る, ～出身である

2　前置詞（à, de）と定冠詞（le, les）の縮約形　*Articles contractés* （134）

à + le = au	au marché　市場に / へ	de + le = du	du bureau　オフィスから / の
à + les = aux	aux magasins　店に / へ	de + les = des	des toilettes　トイレから / の

（135） ▶la と l' の場合はそのまま

à la plage 海辺で / へ, à l'école 学校で / へ

de la gare 駅から / の, de l'hôpital 病院から / の

他にも le café au lait カフェオレ, le livre du professeur 先生の本

▶aller・venir をつかって

［構文］　主語 ＋ 動詞（aller / venir） ＋ 状況補語（場所の表現）

Je vais au cinéma.　映画に行きます. / On va à la montagne.　私たちは山に行きます.

Farid vient du Maroc.　ファリッドはモロッコから来ました.

3　前置詞と国名　*Prépositions et noms de pays* （136）

前置詞の後に国名をおく場合は次のようになる.

① 　～へ / で　男性名詞の国名の前では au

　　au Japon 日本へ / で, au Maroc モロッコへ / で

女性名詞の国名の前では en

　　en France フランスへ / で, en Italie イタリアへ / で

複数形の国名の前では aux

　　aux États-Unis　アメリカ合衆国へ / で

② 　～から　男性名詞の国名の前では du

　　du Japon 日本から, du Maroc モロッコから

女性名詞の国名の前では de

　　de France フランスから

母音, または無音の h で始まる国名の前では d'

　　d'Italie イタリアから

複数形の国名の前では des

　　des États-Unis アメリカ合衆国から

4　近接未来・近接過去　*Futur proche / passé récent*

① 近接未来（するつもりだ, する予定だ, するところである）（137）

［構文］　主語 ＋ 動詞 aller 直説法現在 ＋ 動詞不定詞

Je vais partir* à Nice cet été.　この夏ニースに出発するつもりです.

On va faire* un gâteau.　私たちはケーキを作るところです.

② 近接過去（したばかりだ, したところだ）（138）

［構文］　主語 ＋ 動詞 venir 直説法現在 ＋ de ＋ 動詞不定詞

Je viens de prendre* mon petit déjeuner.　朝食をとったばかりです.

Tu viens d'arriver ?　着いたところなの?

30　trente

Escapades!

◆◇◆◇◆◇◆◇◆◇◆◇◆◇ **Exercices** ◆◇◆◇◆◇◆◇◆◇◆◇◆◇◆

1. （　）の動詞を活用させて，文を完成させましょう．*Complétez les phrases en conjuguant les verbes au présent de l'indicatif.* 139

    (1) Ils (　　　　　　　　　　) à l'université. (aller)

    (2) Je ne (　　　　　　　　　) pas chez eux. (aller)

    (3) Vous (　　　　　　　　　) de la gare. (venir)

    (4) Mes amis (　　　　　　　　　) de Paris. (venir)

2. 必要ならば，下線部を正しい形になおしましょう．*Corrigez les parties soulignées, si nécessaire.* 140

    (1) Je vais <u>à le</u> théâtre demain.   (4) Claire vient <u>de les</u> toilettes.

    (2) Elle va <u>à la</u> mer ?   (5) Vas-tu <u>à le</u> Brésil pour voir tes amis ?

    (3) Ils viennent <u>de le</u> restaurant.   (6) Vous allez <u>à la</u> France avec votre famille ?

3. 必要ならば，下線部を正しい形になおしましょう．*Corrigez les parties soulignées, si nécessaire.* 141

    (1) Ils vont <u>à les</u> États-Unis.   (3) Je viens <u>de le</u> Japon.

    (2) On va <u>à la</u> France.   (4) Ma tante vient <u>de la</u> France.

4. 次の文をそれぞれ近接未来と近接過去の文に書き改めましょう．*Réécrivez les phrases au futur proche et au passé récent.* 142

    (1) Je fais un gâteau.   (3) Nous partons du Portugal.

    (2) Jeanne a dix-neuf ans.   (4) Je prends mon petit déjeuner.

5. 音声を聞き，（　）に適切な語を入れて，文を完成させましょう．*Dictée* 143

    (1) Je (　　　　　　　　) (　　　　　　　　　) cinéma.

    (2) Pauline (　　　　　　　) (　　　　　　　　　) bureau ?

    (3) Vous (　　　　　　　) (　　　　　　　　　) votre petit déjeuner ?

    (4) Ils (　　　　　　　) (　　　　　　　　) passer un examen.

動詞を覚えよう！

☞ prendre, partir, faire は不規則動詞です．練習問題4で活用形はわかりましたか？

faire 144

je	fais	nous	faisons
tu	fais	vous	faites
il	fait	ils	font

partir （同型：**sortir**） 145

je	pars	nous	partons
tu	pars	vous	partez
il	part	ils	partent

prendre 146

je	prends	nous	prenons
tu	prends	vous	prenez
il	prend	ils	prennent

練習問題4の次の文を読んでみましょう． 147
Je <u>fais</u> un gâteau.
Nous <u>partons</u> du Portugal.
Je <u>prends</u> mon petit déjeuner.

trente et un　31

Leçon 6 — Dialogue & Activités

148 / 149

FaridからのEメールを受け取ったÉliseは，Claireに相談の電話をかけます。 *Élise reçoit un e-mail de Farid, elle en parle à Claire au téléphone.*

Élise :　Allô, Claire ?
Claire :　Oui.
Élise :　C'est Élise. Ça va ?
Claire :　Je vais très bien, et toi ?
Élise :　Très bien. Euh… J'ai un message de Farid…
Claire :　Un e-mail ?
Élise :　Oui. Voilà : « Je vais au Maroc du 10 au 20 juillet. Tu viens avec moi ? »
Claire :　Et alors ? Tu y* vas ?　　　　　　　　　　　　　　　　* ☞ Leçon 9
Élise :　Ben… euh… On ne va pas à Nice, toi et moi ?
Claire :　J'ai une idée. Tu viens à Nice après le Maroc ! Tu vas au Maroc du 10 au 20, et après tu viens à Nice. Moi, je vais à Nice du 15 au 30.
Élise :　Ah, oui, c'est une bonne idée… D'accord. Merci, Claire !

1 上の会話の内容と一致するものには○，一致しないものには×，会話からはわからないものには？をつけましょう。 *Vrai ou faux ? Avez-vous compris le dialogue ? Relisez le dialogue et dites si c'est vrai, faux, ou si on ne sait pas.* 150

(1) Claire va très bien.　　　　　　　　　(　　)
(2) Le message est de Farid.　　　　　　　(　　)
(3) Farid va au Maroc du 5 au 15 juillet.　　(　　)
(4) Claire ne va pas à Nice.　　　　　　　 (　　)
(5) Élise et Claire vont à Nice.　　　　　　(　　)

2 月を表す単語を発音しましょう。 *Prononcez les mois de l'année.* 151

「〜月に」という時には，**en** または **au mois de [d']** を前に置きます。
　　en juillet （または au mois de juillet）　7月に
日にちには定冠詞 **le** をつけます。
　　le 15 juillet　7月15日
「〜日から〜日まで」というときには，**du 〜　au 〜** が用いられます。
　　du 15 juin au 20 juillet　　☞ Appendice I 週，月，日と年号，季節

152

janvier	1月
février	2月
mars	3月
avril	4月
mai	5月
juin	6月
juillet	7月
août	8月
septembre	9月
octobre	10月
novembre	11月
décembre	12月

🚩 革命記念日 Le quatorze Juillet パリ祭？

7月14日はフランスの祝日「革命記念日」。日本ではこの日を「パリ祭」と呼んでいますが，これは映画『巴里祭』(*Le quatorze Juillet*) という邦題に由来します。とはいえパリだけのお祭りというわけではなく，フランス中で共和国樹立のきっかけとなった日を祝います。
　13日の前夜祭には，革命が勃発したとされるパリのバスティーユ広場では，飲んで踊っての大賑わいです。14日当日の午前中には，シャンゼリゼ大通りで軍隊パレードが行われ，フランス共和国大統領をはじめ，政府関係者や各国の代表が列席します。夜にはトロカデロで花火が打ち上げられます。エッフェル塔近くの道路やセーヌ川に架かる橋に午前中から陣取りしている光景が見られます。年によっては会場が移動したりすることもあります。

32　trente-deux

Escapades!

3 クレールは地下鉄で大学に行きます．あなたはどのようにして大学に行きますか？ 東京からパリにはどのようにして行きますか？ 交通手段を選びましょう． *Claire va à la fac en métro. Et vous, comment allez-vous à la fac ? Choisissez les moyens de locomotion que vous utilisez pour aller à l'université.*

153 Je vais à la fac (　　　　　). 私は〜で大学に行きます．
Je vais à Paris (　　　　　). 私は〜でパリに行きます．

*la fac は la faculté の略で，l'université よりくだけた言い方です．

154

à pied　　en vélo [à vélo]　　en moto　　en bus
en métro　　en train　　en avion　　en bateau

4 動詞 aller の近接未来をつかって，夏休みの計画についてクラスメートと会話をしましょう． *Demandez à votre voisin ce qu'il va faire pendant les grandes vacances. Employez le futur proche.*

A : Qu'est-ce que tu vas faire pendant les vacances ?
155　B : Je vais aller en Suisse. Et toi ?
A : Moi, je vais faire un petit travail.

156　Vocabulaire　aller à la mer / aller à la montagne, travailler / faire un petit travail, étudier, rentrer chez ses parents, aller voir sa famille, rencontrer des amis, participer aux activités du club (de chant / de danse…)

  マリアンヌ Marianne （『民衆を導く自由の女神』，自由の女神像）

　『民衆を導く自由の女神』La Liberté guidant le peuple (1831) は，ドラクロワによって描かれた絵画．民衆を導く果敢な女性は，フランスのシンボル，「マリアンヌ」．フランスの一般的な名前であるマリ（聖母マリアの名）とアンヌ（聖母の母アンナの名）が合体して「マリアンヌ」となりました．母性，祖国，自由など様々な理念をアレゴリー（比喩）で表現しています．彼女がかぶるフリギア帽は，古代ローマの解放奴隷の帽子に由来します．フランス革命 (1789) から第三共和政 (1870-1940) にかけて，「共和国」を象徴する人物像として，マリアンヌ像が定着していきました．
　ニューヨークにある「自由の女神像」(1886) は，マリアンヌをモデルとし，アメリカ合衆国の独立百周年を記念してフランスが贈呈したものです．その返礼として，パリに住むアメリカ人たちがフランス革命百周年を記念して，「自由の女神像」を贈り，現在セーヌ川の中州に置かれています．マリアンヌは現在でも「自由，平等，博愛」の国フランスのシンボルとして，市庁舎や学校，町中に彫像になって置かれ，紙幣，硬貨，切手，ワインのボトルのキャップなどにも描かれています．人気のある女性（女優など）がマリアンヌの顔のモデルになることもあります．

trente-trois　33

Leçon 7　Grammaire & Exercices

1　非人称表現　*Formes impersonnelles* 157

形式上の主語 il を使った表現. 動詞は3人称単数形を用いる.

① 天候 *Temps*

Quel temps fait-il ?　どんな天気ですか?

　Il fait beau.　よい天気です.

　Il pleut.　雨が降っています.

158
Il fait mauvais. (悪天候)
Il fait chaud. (暑い)
Il fait froid. (寒い)
Il y a du vent. (風がある)
Il y a des nuages. (曇り)
Il neige. (雪が降っている)

② 時刻 *Heure* 159　☞ Appendice 2 §1 時刻

Quelle heure est-il ?　何時ですか?

　Il est six heures.　6時です.

　Il est une heure cinq.
　1時5分です.

③ 義務・必要 *Falloir*　「～ねばならない, ～が必要だ」, (否定文で)「～してはいけない」

160　Il faut partir à huit heures du matin.　午前8時に出発せねばなりません.
　　Il faut douze heures pour aller en France.　フランスに行くには12時間かかります.
　　Il ne faut pas sortir tard le soir.　夜遅くに外出してはいけません.

④ その他 *Autres formes impersonnelles*

161　Il reste des places en première.　1等車に席が残っています.
　　Il est possible d'avoir une place en seconde ?　2等車に1席とることはできますか?

2　第二群規則動詞 (-ir 型動詞) の活用 (直説法現在)　*Verbes en -ir* 163

finir　終わる, 終わらせる 162

je	-is	nous	-issons
tu	-is	vous	-issez
il	-it	ils	-issent

je	finis	nous	finissons
tu	finis	vous	finissez
il	finit	ils	finissent

練習
次の -ir 型動詞を活用させましょう.
choisir
réussir
réfléchir

164　Il finit ses devoirs.　彼は宿題を終わらせる.

3　命令法 *Impératif* 165 / 166

3つの人称 tu, nous, vous に対する形があり, 直説法現在形の活用から作る. 例外もある.

	chanter	finir	aller	venir	être	avoir
tu	chante	finis	va	viens	sois	aie
nous	chantons	finissons	allons	venons	soyons	ayons
vous	chantez	finissez	allez	venez	soyez	ayez

être と avoir は単独では使えないので語を続ける

-er型動詞および aller の2人称単数の命令形では, 語尾の -s が落ちる.

167　Viens ici.　こっちへおいでよ.
　　Dansons.　踊りましょう.
　　Ne fumez pas trop.　煙草の吸い過ぎはいけません.
　　Ne soyez pas triste(s).　悲しまないでください

*形容詞は, 対象になっている人 (tu, nous, vous) の性数に一致する.

34　trente-quatre

Escapades!

◆◆◆◆◆◆◆◆◆◆◆ Exercices ◆◆◆◆◆◆◆◆◆◆◆◆

1. être, faire, falloir, pleuvoirのいずれかを適切な形にして（　　）に入れましょう. *Choisissez les verbes qui conviennent et conjuguez-les.* 🔴168

    (1) En été, il (　　　　　　　　　　　) chaud en Provence.

    (2) Il (　　　　　　　　) déjà une heure.

    (3) Il (　　　　　　　　).

    (4) Il (　　　　　　　　) rentrer ce soir ?

    (5) En voiture, il (　　　　　　　　　) facile d'aller à la campagne.

2. （　　）の動詞を活用させて, 文を完成させましょう. *Conjugaison. Complétez les phrases au présent de l'indicatif.* 🔴169

    (1) Nous (　　　　　　　　　　) notre repas. (finir)

    (2) Elle (　　　　　　　) bien ses études. (réussir)

    (3) Qu'est-ce que vous (　　　　　　　　) comme entrée ? (choisir)

    (4) Les enfants (　　　　　　　) bien. (grandir)

3. 例にならって命令形にしましょう. *Conjuguez à l'impératif.* 🔴170

    Exemple : chercher la clé / vous → Cherchez la clé !

    (1) travailler / tu

    (2) aller au restaurant / nous

    (3) être tranquille / vous (内容は男性複数)

    (4) ne pas parler si fort / tu

    (5) ne pas fumer / vous

4. 音声を聞き,（　）に適切な語を入れて, 文を完成させましょう. *Dictée* 🔴171

    (1) Il est (　　　　　　) (　　　　　　　　) et (　　　　　　　　).

    (2) (　　　　　　) (　　　　　　　　) partir à (　　　　　　　).

    (3) Ne (　　　　　　) pas trop !

    (4) Tu (　　　　　　) tes devoirs ?

📖 フランス人の休暇 Les vacances des Français

    フランス人にとってヴァカンスはなによりも重要な関心事です. 1936年, 全労働者に年2週間の有給休暇を保証する「ヴァカンス法」が立法化して以来の伝統です (現在では5週間). フランス人はヴァカンスのために働いているといっても過言ではないほど, 家族とゆっくりと過ごすヴァカンスは重要なのです. 行き先の9割がフランス国内. 残りの1割はヨーロッパ諸国, スペイン, イタリア, 北アフリカのモロッコ. 最近では, 夏休みと別の休みの時期とに分けて取ります. 宿泊形態はさまざまですが, 概してお金をかけません. フランスは文化大国というイメージがありますが, スポーツも盛んで, 山登り, 自転車, 海水浴, カヌー, 冬にはスキーも人気があります.

trente-cinq　35

Leçon 7 — Dialogue & Activités

172 / 173

Charlesはスイスのジュネーヴにいます．急ぎの仕事でパリに帰ることになり，ジュネーヴ駅にやってきました．*Charles est en Suisse, à Genève, et doit retourner d'urgence en France pour son travail. Il est à la gare de Genève.*

Charles : Le prochain train pour Paris est à quelle heure, s'il vous plaît ?
L'employé de gare : Le prochain TGV pour Paris est à 16 heures 14.
Charles : Il faut combien de temps pour arriver à Paris avec le TGV ?
L'employé de gare : Il faut 4 heures environ, Monsieur. Le train arrive à Paris à 20 heures 20.
Charles : Il est possible d'avoir une place en seconde ?
L'employé de gare : Attendez, s'il vous plaît. Non, mais il reste des places en première.
Charles : Une place en première alors, un aller simple. (*Il allume une cigarette.*)
L'employé de gare : Ah, il est interdit de fumer ici, Monsieur.
Charles : Excusez-moi.

1 上の会話の内容と一致するものには○，一致しないものには×，会話からはわからないものには？をつけましょう． *Vrai ou faux ? Avez-vous compris le dialogue ? Relisez le dialogue et dites si c'est vrai, faux, ou si on ne sait pas.* 174

(1) Charles va à Paris. (　)
(2) Il y a un TGV à 17 heures. (　)
(3) Il faut environ 4 heures pour arriver à Paris. (　)
(4) Il ne reste pas de places. (　)
(5) Il est possible d'avoir une place. (　)
(6) Il n'est pas interdit de fumer. (　)

2 曜日を表す単語を発音しましょう． *Prononcez les jours de la semaine, puis répondez à la question.*

Les jours de la semaine 175

lundi	月曜日
mardi	火曜日
mercredi	水曜日
jeudi	木曜日
vendredi	金曜日
samedi	土曜日
dimanche	日曜日

曜日を言ってみましょう． 176
Quel jour sommes-nous ? – Nous sommes (　　).
今日は何曜日ですか？ – (　)曜日です．

Escapades!

3 時間を言いましょう．*Entraînez-vous à lire l'heure.*

例　Quelle heure est-il ? (Il est quelle heure ?)　何時ですか？
　　Il est sept heures.　7時です．

今の時間を言ってみましょう．
時報などの公式の時間は，24時間表示で，
数字で〜分を言います．

Il est vingt heures quarante-cinq
maintenant.　現在時刻は20時45分です．

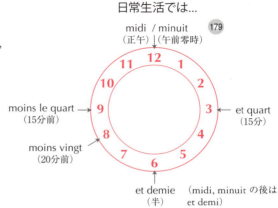

日常生活では...
midi / minuit
（正午）（午前零時）
moins le quart（15分前）
et quart（15分）
moins vingt（20分前）
et demie（半）　（midi, minuit の後は et demi）

(A) 日常生活での時刻の言い方で，(B) 公式時刻で，次の電車の発車時刻をフランス語で書きましょう．*Écrivez les heures indiquées comme l'exemple.*

Exemple : 16:30
　　　(A) Le prochain train part à quatre heures et demie.　次の電車は4時半に発車します．
　　　(B) Le prochain train part à seize heures trente.　次の電車は16時30分に発車します．

(1) 7:15　　(2) 14:45　　(3) 20:50　　(4) 12:20

4 動詞 choisir を使った詩を読みましょう．この詩をお手本に自分でも choisir を使った短い詩を作りましょう．*Créativité. Sur le modèle du court poème ci-dessous, écrivez un poème en utilisant le verbe choisir.*

♥ Pour mon amoureux, ♥
Je choisis les étoiles ✶✶
Et le soleil.

Pour mon amoureux,
✶✶ Je choisis les étoiles ✶✶
Dans le ciel.

 ラ・マルセイエーズ La Marseillaise

フランスの国歌『ラ・マルセイエーズ』は，フランス革命中に作詞・作曲された軍歌に由来しています．歌詞の中の命令法の動詞を探してみましょう．

Aux armes, citoyens !　　　市民よ，武器をとれ！
Formez vos bataillons !　　隊列を組め！
Marchons, marchons !　　　進もう，進もう！
Qu'un sang impur　　　　　敵の不浄の血が
Abreuve nos sillons !　　　我らの畑を染めるまで！

trente-sept　37

Appendice 1

§1 動詞の活用を覚えよう

A. 規則動詞

1 -er型 第一群規則動詞（原則）

je (j')	-e	nous	-ons
tu	-es	vous	-ez
il	-e	ils	-ent

chanter 185

je	chante	nous	chantons
tu	chantes	vous	chantez
il	chante	ils	chantent

2 -er型変則

acheter 186

j'	achète	nous	achetons
tu	achètes	vous	achetez
il	achète	ils	achètent

manger 187

je	mange	nous	mangeons
tu	manges	vous	mangez
il	mange	ils	mangent

commencer 188

je	commence	nous	commençons
tu	commences	vous	commencez
il	commence	ils	commencent

envoyer 189

j'	envoie	nous	envoyons
tu	envoies	vous	envoyez
il	envoie	ils	envoient

appeler 190

j'	appelle	nous	appelons
tu	appelles	vous	appelez
il	appelle	ils	appellent

préférer 191

je	préfère	nous	préférons
tu	préfères	vous	préférez
il	préfère	ils	préfèrent

3 -ir型 第二群規則動詞

je (j')	-is	nous	-issons
tu	-is	vous	-issez
il	-it	ils	-issent

finir 192

je	finis	nous	finissons
tu	finis	vous	finissez
il	finit	ils	finissent

B. 不規則動詞

je (j')	-s	(-x : pouvoir, vouloir)
tu	-s	(-x : pouvoir, vouloir)
il	-t	(- : attendre, prendre, mettre)
nous	-ons	
vous	-ez	(-es : être, faire, dire)
ils	-ent	(-ont : être, avoir, aller, faire)

1　1〜7課で学習した動詞

être 193

je	suis	nous	sommes
tu	es	vous	êtes
il	est	ils	sont

avoir 194

j'	ai	nous	avons
tu	as	vous	avez
il	a	ils	ont

aller 195

je	vais	nous	allons
tu	vas	vous	allez
il	va	ils	vont

venir 196

je	viens	nous	venons
tu	viens	vous	venez
il	vient	ils	viennent

2　重要な動詞

faire 197

je	fais	nous	faisons
tu	fais	vous	faites
il	fait	ils	font

prendre 198

je	prends	nous	prenons
tu	prends	vous	prenez
il	prend	ils	prennent

partir（同型：sortir） 199

je	pars	nous	partons
tu	pars	vous	partez
il	part	ils	partent

mettre 200

je	mets	nous	mettons
tu	mets	vous	mettez
il	met	ils	mettent

trente-neuf　39

Appendice 1

savoir 201

je	sais	nous	savons
tu	sais	vous	savez
il	sait	ils	savent

connaître 202

je	connais	nous	connaissons
tu	connais	vous	connaissez
il	connaît	ils	connaissent

croire 203

je	crois	nous	croyons
tu	crois	vous	croyez
il	croit	ils	croient

voir 204

je	vois	nous	voyons
tu	vois	vous	voyez
il	voit	ils	voient

écrire 205

j'	écris	nous	écrivons
tu	écris	vous	écrivez
il	écrit	ils	écrivent

lire 206

je	lis	nous	lisons
tu	lis	vous	lisez
il	lit	ils	lisent

pouvoir 207

je	peux [puis]	nous	pouvons
tu	peux	vous	pouvez
il	peut	ils	peuvent

vouloir 208

je	veux	nous	voulons
tu	veux	vous	voulez
il	veut	ils	veulent

devoir 209

je	dois	nous	devons
tu	dois	vous	devez
il	doit	ils	doivent

dire 210

je	dis	nous	disons
tu	dis	vous	dites
il	dit	ils	disent

offrir 211

j'	offre	nous	offrons
tu	offres	vous	offrez
il	offre	ils	offrent

rendre 212

je	rends	nous	rendons
tu	rends	vous	rendez
il	rend	ils	rendent

§2 動詞で表現しよう

後ろに動詞の不定詞をつけて用いる動詞（単独でも用いる）

■ **savoir**「〜できる」（能力：〜する方法（術）を知っている）㉑₃
pouvoir「〜できる」（可能）；「〜かもしれない」（可能性）
(arriver à)「〜できる」（努力した結果）

Elle sait nager.　彼女は泳げます.

Elle ne peut pas nager aujourd'hui : elle est malade.　彼女は今日泳げません. 病気なんです.

Elle arrive à nager : elle a vraiment fait des efforts.
彼女はようやく泳げるようになりました. 本当に努力したんです.

■ **vouloir**「〜したいと思う」㉑₄

Je veux voyager en Normandie.　ノルマンディを旅行したいです.（ただし語調を和らげた表現で
ある Je voudrais〜の方がよく使われる.）☞ Leçon14条件法

（tu, vous を主語にして）「〜してくれませんか」（依頼・命令）；「〜しませんか」（勧誘）

Tu veux bien passer le sel, s'il te plaît ?　—— Oui, voilà.　塩をとってくれる？―はい, どうぞ.

Veux-tu finir tes devoirs !　—— Bon, d'accord.　宿題しなきゃ！―わかったよ.

Vous voulez aller au cinéma avec moi ?　—— Oui, volontiers.
映画に行きませんか？―よろこんで.

■ **devoir**「〜しなければならない, すべきだ」（義務）；「〜にちがいない」（推定）㉑₅

On doit prendre le train de dix heures.　10時の電車に乗らなければなりません.

On a dû prendre le train de dix heures.　10時の電車に乗らなければなりませんでした.

Je dois avoir tort.　私がまちがっているに違いありません.

Je dois avoir eu tort.　私がまちがっていたに違いありません.

▶「〜しなくてもよい」というには, être obligé(e)(s) de +不定詞「〜しなければならない」の否定形を用
います.

Vous n'êtes pas obligé de venir.　来なくてもいいんですよ.

■ **faire**「〜させる」（使役）㉑₆

Je fais venir mon chien.　飼い犬に来させる.

Elle fait faire des courses.　彼女は買い物をさせる.

■ **aimer＋不定詞**「〜するのが好きだ」㉑₇

J'aime faire la cuisine.　料理をするのが好きです.

§3 意見をいう ㉑₈

croire : Je crois que Charles est déjà parti en vacances.　シャルルはもうバカンスに出掛けたと思う.

penser : Je pense qu'il va venir à la réunion demain.　　彼は明日会合に来るのだと思う.

trouver : Je trouve Marie élégante. (= Je trouve que Marie est élégante.)
マリーはエレガントだと思う.

quarante et un　41

Appendice 1

§4 形容詞の女性形の作り方 ⓶⑲

1) 男性形＋e（原則） — un étudiant **intelligent** / une étudiante **intelligente**
頭のよい学生 / 女子学生

2) 男女同形(-e で終わる形容詞) — un chapeau **rouge** / une jupe **rouge**
赤い帽子 / スカート

3) -er → -ère — un sac **léger** / une valise **légère**
軽いかばん / スーツケース

4) -f → -ve — un garçon **sportif** / une fille **sportive**
スポーツ少年 / 女子

5) -x → -se — un mari **heureux** / une femme **heureuse**
幸せな夫 / 妻

6) 子音を重ねる

un **bon** gâteau / une **bonne** tarte おいしいケーキ / タルト

un taxi **parisien** / une plaque **parisienne** パリのタクシー / プレート

un **gros** chien / une **grosse** chienne 丸々とした犬 / 雌犬

un **gentil** chien / une **gentille** robe かわいらしい犬 / ドレス

un souvenir **éternel** / une vie **éternelle** 永遠の思い出 / 生命

7) 男性第二形からつくる（前置形容詞）

un **beau** château / un **bel** appartement / une **belle** maison きれいな城 / 集合住宅 / 家

un **nouveau** magasin / un **nouvel** hôtel / une **nouvelle** boutique
新しい店 / ホテル / 専門店

un **vieux** professeur / un **vieil** ordinateur / une **vieille** chanteuse
年取った教授 / 古いパソコン / 年取った女流歌手

8) その他の例外 — blanc / blanche, frais/ fraîche, long/ longue
　　　　　　　　　　　白い　　　　　　　新鮮な　　　　　長い

§5 名詞と形容詞の複数形

単数	複数
—	—s （原則）
—s	—s （同形）
—x	—x （同形）
—eu	—eux
—eau	—eaux
—al	—aux

名詞 ⓶⓶⓪

単数	複数	
frère	frères	兄弟
repas	repas	食事
voix	voix	声
cheveu	cheveux	髪の毛
château	châteaux	城
animal	animaux	動物

形容詞（男性形） ⓶⓶①

単数	複数	
grand	grands	大きな
gris	gris	グレーの
vieux	vieux	年取った, 古い
—*	—*	
beau	beaux	きれいな, 美しい
normal	normaux	普通の

*eu で終わる形容詞はほとんどない. hébreu → hébreux ただし bleu → bleus.
　　　　　　　　　　　　　　　　　ヘブライの　　　　　　　　青い
▶ その他 œil → yeux　目
▶ 形容詞の女性複数形は常に女性単数形に s をつけた形になる.

42　quarante-deux

§6 週, 月, 日と年号, 季節

Les jours de la semaine		Les saisons		Les mois de l'année	
lundi	月曜日	l'hiver	冬	janvier	1月
				février	2月
mardi	火曜日			mars	3月
		le printemps	春	avril	4月
mercredi	水曜日			mai	5月
				juin	6月
jeudi	木曜日	l'été	夏	juillet	7月
				août	8月
vendredi	金曜日			septembre	9月
		l'automne	秋	octobre	10月
samedi	土曜日			novembre	11月
				décembre	12月
dimanche	日曜日				

(222) (223) (224)

(225) (曜日)

Quel jour sommes-nous ? — Nous sommes mardi.　今日は何曜日ですか？ー火曜日です.

Quel jour (de la semaine) est-ce aujourd'hui ? — C'est vendredi.
今日は何曜日ですか？ー金曜日です.

Je pars dimanche prochain.　次の日曜日に発ちます.

Il sort samedi soir.　彼は土曜の夜に外出します.

Ce musée est fermé le lundi (les lundis).　当美術館(博物館)は月曜閉館です.

Au revoir. À mercredi. À la semaine prochaine. À bientôt.
さようなら. また水曜日に. また来週に. 近いうちに.

(226) (月)

Il va en Angleterre au mois de mars (en mars).　Nous sommes au mois d'août.
彼は3月にイギリスに行きます.　　　　　　　　　　　　今は8月です.

(227) (日・年号)

Le combien sommes-nous ? — Nous sommes le 17.

 (=On est le combien ? — On est le 17.)　今日は何日ですか？ー17日です.

Quel jour du mois est-ce aujourd'hui ? — C'est le 25.　今日は何日ですか？ー25日です.

Quelle est la date d'aujourd'hui ? — Le 1er mai.　▶「1日(ついたち)」だけは序数premier
今日の日付は？ー5月1日です.

Le vendredi 13 mars.　3月13日金曜日です.

Je suis né(e) le 10 septembre (1998).　私は(1998年)9月10日生まれです.

Je suis né(e) en 2001.　私は2001年生まれです.

(228) (季節)

En Grèce, il fait doux au printemps.　ギリシャでは春は穏やかな天気です.

Au Japon, il fait très chaud et humide en été.　日本では夏はとても蒸し暑い.

Au Canada, il fait assez frais en automne.　カナダでは秋はかなり涼しいです.

En Norvège, il fait très froid en hiver.　ノルウェーでは冬とても寒いです.

L'automne est une saison très agréable au Japon.　日本の秋は気持ちのよい季節です.

quarante-trois　43

Appendice 1

§7 冠詞の使い方（Leçon 1 & Leçon 9） 229

■ 不定冠詞・定冠詞

Il y a <u>une baguette</u> sur la table.　テーブルにバゲットがあります．（バゲットは初出なので不定冠詞）
— Où est <u>la baguette</u> ?　そのバゲットはどこ？（バゲットがあるということが前提なので定冠詞）
ただ初出名詞に定冠詞がついて « Où est le pain ? » という文があれば，買ってきたパン，あるはずのパン，約束したパン，など対話者の間で了解済みのパンのありかを聞いているのです．
第1課のdialogueでアランが妻に « Ce sont les glaces. » と言っていたのは，アイスクリームが買い物リストにあり，買ってくることになっていたからなのですね．

■ 部分冠詞

部分冠詞は，「不加算名詞（数えられない名詞）のための不定冠詞」だと考えればいいでしょう．部分冠詞は，不加算名詞につけて「ある量の」という意味になりますが, courage「やる気」や patience「忍耐」のような抽象名詞も数えられないので，部分冠詞をつけます．例) avoir du courage「やる気がある」．

また, sport「スポーツ」は総称ですが, faire du sport「スポーツをする」と言います．これは活動を指しますので，数えられないと考えて, sport には部分冠詞をつけます．「複数のスポーツを実践している」と言いたいときには，スポーツの種類を数えることができるので, pratiquer plusieurs sports と言います．

■ 不定冠詞か部分冠詞か 230

★ポイント！　　数でとらえるか，量でとらえるか

★飲み物
　café (m.) コーヒー
　　① カップに入って1杯, 2杯と数えられる場合 → un café
　　　例　カフェにて　« Un café, s'il vous plaît. »「コーヒー一杯お願いします．」
　　② 液体としてとらえ，人が飲む量のコーヒー → du café

★食べ物
　(1) baguette (f.) バゲット（棒状のフランスパン）
　　① パン屋で買うバゲット → une baguette
　　　例　パン屋にて　« Une baguette, s'il vous plaît. »「バゲット一本ください．」
　　② ちぎって食べるバゲット → de la baguette
　　③ レストランで出される，薄切りバゲット → de la baguette

　(2) fromage (m.) チーズ
　　① 食べる適量のチーズ → du fromage
　　② 種類として数える場合 → un fromage
　　　例　Les fromages français sont appréciés.　フランスのチーズは高く評価されている．

(3) chocolat (m.) チョコレート, ココア
 ① チョコレートボンボン → un chocolat, deux chocolats ...
 ② 料理に使ったり, 割って食べたりするチョコ → du chocolat
 ③ 1杯, 2杯と数えるココア → un chocolat (chaud) ...
 ④ 液体として, 人が飲む量のココア → du chocolat (chaud)

(4) sucre (m.) 砂糖
 ① 角砂糖 → un sucre, deux sucres ...
  例　Combien de sucres mettez-vous ?　角砂糖は何個入れますか？
 ② 料理に使うさらさらとした砂糖, スプーンですくう砂糖 → du sucre

(5) bœuf (m.) 牛
 ① 1頭, 2頭と数えられる牛 → un bœuf, deux bœufs ...
 ② 食べ物としての牛肉 → du bœuf

(6) poisson (m.) 魚
 ① 1匹, 2匹と数える魚 → un poisson, deux poissons
 ② 食べる魚 → du poisson
 定冠詞をつけると
  J'aime les poissons.　観賞魚が好き.
  J'aime le poisson.　魚肉が好き.

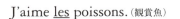

aimerと定冠詞　231

aimer「〜が好き」に普通名詞をつける場合,「定冠詞＋名詞」をつけます. 特定の何かではなく,「〜というもの」(その種類全体) という総称を表すので, 定冠詞が使われるのです. そのため, 数えられる名詞は複数形, 数えられない名詞と抽象名詞は単数形にします.

例
 J'aime le poisson.（魚肉）　　J'aime les poissons.（観賞魚）　　J'aime la musique.（音楽）

★クイズ　232

次の場合, どういう意味になるでしょう？　（lapin (m.) うさぎ）
 ① un lapin (Nous avons un lapin dans le jardin.)
 ② du lapin (Nous avons du lapin dans le frigo.)
 ③ J'aime les lapins.
 ④ J'aime le lapin.

Appendice 1

§8 文型 (233)

1 主語＋動詞 Paul chante. ポールは歌います.

2 主語＋動詞＋属詞 Paul est étudiant. ポールは学生です.

3 主語＋動詞＋目的語

> 補足 日本語にしたとき直接目的語は「〜を」,間接目的語は「〜に」となることが多い.

［直接目的語］動詞と直接結びつく語

［間接目的語］前置詞 à を介して間接的に動詞と結びつく語

Charles apporte un cadeau. シャルルはプレゼントを持ってくる.

Il parle à Claire. 彼はクレールに話す.

Tu donnes un CD à Caroline ? 君はカロリーヌにCDをあげるの？

＊直接目的語, 間接目的語

4 主語＋動詞＋直接目的語＋属詞

Je trouve ce livre intéressant.
私は, この本がおもしろいと思います.

（このほか, 状況補語がつく場合もある）

Paul regarde la télé après le dîner.
ポールは夕食の後テレビを見ます.

§9 綴り字と発音のきまり

＊子音字の読み方 (234)

c	[k] cuisine [kɥizin]	école [ekɔl]
	[s] cinéma [sinema]	citron [sitrɔ̃]
ç	[s] ça [sa]	garçon [garsɔ̃]
g	[g] gare [ga:r]	légume [legym]
	[ʒ] rouge [ruʒ]	magique [maʒik]
h	[‐] hôtel [ɔtɛl]	homme [ɔm]
s	[s] poisson [pwasɔ̃]	samedi [samdi]
	[z] poison [pwazɔ̃]	valise [vali:z]（母音＋s＋母音）
x	[gz] exercice [ɛgzɛrsis]	exemple [ɛgzãpl]
	[ks] texte [tɛkst]	expression [ɛksprɛsjɔ̃]
ch	[ʃ] chocolat [ʃɔkɔla]	chanson [ʃãsɔ̃]
gn	[ɲ] montagne [mɔ̃taɲ]	cognac [kɔɲak]
ph	[f] photo [fɔto]	téléphone [telefɔn]
th	[t] thé [te]	cathédrale [katedral]
gu	[g] guide [gid]	langue [lãg]
qu	[k] quatre [katr]	quel [kɛl]

ail(l)	[aj] travail [travaj]	
eil(l)	[ɛj] soleil [sɔlɛj]	
ill	[ij] famille [famij]	fille [fij]

（例外）ville[vil] mille[mil] tranquille[trãkil]

§10 音の規則

＊リエゾン(liaison)

意味上のつながりの強い単語間で, もともとは発音しない語末の子音字を, 次の語の頭の母音（または無音のh）とつなげて発音すること.

①リエゾンしなくてはならない場合（義務） (235)

主語代名詞＋動詞 (vous êtes)／冠詞＋名詞 (un ami)／前置形容詞＋名詞 (grand arbre)／

46　quarante-six

（1音節の）前置詞＋冠詞（または名詞）(sans argent)／目的語代名詞＋動詞 (je les aime)／
[très, trop などの] 副詞＋形容詞 (très actif)／数詞＋名詞 (trois heures)／quand, dont
＋代名詞(quand il)／成句(de temps en temps)

②リエゾンしてはならない場合（禁止） 236

普通名詞主語＋動詞(Ce chat est...)／固有名詞主語＋動詞(Bertrand aime...)
単数名詞＋後置形容詞 (un enfant intelligent)／接続詞et の後 (Marie et Antoine)
有音のhの前(trois héros)

＊アンシェヌマン(enchaînement) 237

前の単語の語末の子音を次の語の頭の母音とつなげて発音すること．

Il est / une école / cinq enfants

＊エリジヨン(élision) 238

de, je, la, le, me, ne, que, se, te の9語は，母音字または無音のhで始まる語の前で，語末
の母音字を省略して，アポストロフ(’)をつける．

また，ce は代名詞の場合のみエリジヨンする (c'estなど)．そして si は，il, ils の前でのみ
s'il, s'ils となる．

je ai → j'ai   le homme → l'homme

§11 リズムグループ

フランス語では単語1つ1つにアクセントをつけることなく，ある意味のまとまり（グループ）で
発音し，そのグループの最後の音節にアクセントをつける．

Alex est étudiant.は別々に発音することなくまとめて発音し，最後の [ɑ̃] にだけアクセントを
つける．また，la responsabilité という長い語でも la は responsabilité に結びついてグルー
プの一部になる．

＊発音の調子で，リズムグループの分け方がいくつかある． 239

Caroline travaille dans une banque. → 1. Caroline / travaille / dans une banque.
カロリーヌは銀行で働いています．
→ 2. Caroline travaille / dans une banque.
→ 3. Caroline travaille dans une banque.

ただし，絶対に切って読んではならないグループがある． 240

① 名詞標識語（冠詞，指示形容詞，所有形容詞など）＋名詞　 cette maison　この家
② （名詞標識語＋）形容詞＋名詞　（または名詞＋形容詞）

un chien noir　 mon petit chat　 Quelle bonne surprise !
黒い犬　　　　　　子猫　　　　　　なんてよい知らせでしょう！
③ 主語人称代名詞＋動詞　 Il est ~. 彼は～.　 Nous chantons. 私たちは歌います.
④ 前置詞＋名詞　　　　　 sur la table テーブルの上に　 en France フランスに / で
⑤ 目的語代名詞＋動詞　 Vous me suivez. 私についてきて下さい.

リズムグループに切って発音できる＝フランス語の構文をしっかり理解している

quarante-sept　47

Leçon 8　Grammaire & Exercices

1　直説法複合過去 I　*Passé composé I*　(241)

過去の行為や出来事，またはその結果としての現在の状態をあらわす．

> 助動詞（avoir / être）の現在形 ＋ 過去分詞

▶ 過去分詞：（第1群規則動詞）chanter → chanté；（第2群規則動詞）finir → fini；（不規則動詞）

aller → allé　être → été　avoir → eu　voir → vu　faire → fait　prendre → pris

(242)
chanter（avoirを使った複合過去形）

j'	ai chanté	nous	avons chanté
tu	as chanté	vous	avez chanté
il	a chanté	ils	ont chanté

(243)
aller（êtreを使った複合過去形）

je	suis allé(e)	nous	sommes allé(e)s
tu	es allé(e)	vous	êtes allé(e)(s)
il	est allé	ils	sont allés
elle	est allée	elles	sont allées

▶ êtreを使う場合，過去分詞は主語に性数一致する．

▶ êtreを要求する動詞：移動や状態の変化に関する自動詞（カッコは過去分詞）

(244)　aller, venir (venu), partir (parti), arriver, sortir (sorti), entrer, rentrer, monter, descendre (descendu), rester, tomber, naître (né), mourir (mort), etc.

(245)　Hier, j'ai vu Claire.　昨日クレールに会いました．

L'année dernière, elle est allée au Canada.
昨年彼女はカナダに行きました．

(246)　［否定形］　je n'ai pas chanté, je ne suis pas allé(e)...

［疑問形］　avez-vous chanté ? êtes-vous allé(e)(s) ?...

> (247)
> 過去を表す表現 (1)
> hier
> avant-hier
> la semaine dernière
> le mois dernier
> l'année dernière
> en 2015

2　比較級（形容詞・副詞）　*Comparatif / adjectif et adverbe*

(248)
> 〈優等〉plus　　より〜だ
> 〈同等〉aussi ＋ 形容詞・副詞（＋ que ＋ 比較の対象）　と同じ位〜だ
> 〈劣等〉moins　より〜でない

(249)　Je suis plus grand que mon père.　私は父よりも大きい．

Alain voyage moins que Farid.　アランはファリッドほど旅行しない．

Ma santé est meilleure que l'année dernière.　私の健康状態は去年よりも良い．

Élise chante mieux que Caroline.　エリーズはカロリーヌより歌が上手だ．

> (250)
> 特殊な比較級
> bon「良い」
> 　→ meilleur
> bonne → meilleure
> bons → meilleurs
> bonnes
> 　→ meilleures
> bien「よく，うまく」
> 　→ mieux
> beaucoup「たくさん，
> すごく」→ plus
> [s は発音する]

3　最上級（形容詞・副詞）　*Superlatif / adjectif et adverbe*

(251)
> （形容詞）定冠詞(le, la, les)　＋　plus
> （副詞）　定冠詞(le)　　　　　＋　moins　　（＋ de ＋ 対象の範囲）

(252)　Claire est la moins grande de la classe.
クレールはクラスでいちばん大きくない（＝いちばん小さい）．

Vous avez choisi la meilleure saison.
最良の季節を選びましたね．

> (253)
> 特殊な最上級
> bon(ne)(s) →
> 　le meilleur / la meilleure /
> 　les meilleurs / les meilleures
> bien → le mieux
> beaucoup → le plus [s は発音する]

48　quarante-huit

Escapades!

❖❖❖❖❖❖❖❖❖❖❖❖ Exercices ❖❖❖❖❖❖❖❖❖❖❖❖

1. ( )の動詞を複合過去形に活用させて、文を完成させましょう. *Mettez les verbes entre parenthèses au passé composé.* 254

    過去を表す表現 (2)
    il y a trois jours
    l'autre jour
    tout à l'heure
    au XIXe siècle

    (1) J' (   ) (   ) la France. (visiter)
    (2) Tu (   ) (   ) tes devoirs ? (faire)
    (3) Il (   ) (   ) du karaoké. (chanter)
    (4) (   )-vous (   ) du pain ? (acheter)
    (5) Il (   ) (   ) pour le Japon. (partir)
    (6) Mon mari et moi, nous (   ) (   ) au cinéma, hier soir. (aller)

2. ( )に適切な単語を入れて、文を完成させましょう. *Complétez avec le comparatif adéquat.* 256

    (1) La France est (   ) grande que le Maroc.（～より大きい：広い）
    (2) Cet acteur est (   ) connu que Gérard Depardieu.（～より有名でない）
    (3) Je suis (   ) grande que mon copain.（～と同じぐらい背が高い）

3. ( )に適切な単語を入れて、文を完成させましょう. *Complétez avec le comparatif adéquat.* 257

    (1) C'est la comédienne (   ) (   ) populaire de l'année.（いちばん人気がある）
    (2) Ces chaussures sont (   ) (   ) chères de toute la boutique.（最安値である）
    (3) Élise parle (   ) (   ) vite de la famille.（いちばん早口だ）

4. 音声を聞き、( )に適切な語を入れて、文を完成させましょう. *Dictée* 258

    (1) J'(   ) (   ) à la Fête de la musique.   *Fête de la musique は毎年、夏至の日にフランス
    音楽祭で歌いました.   中で開催される音楽の祭典
    (2) Il (   ) (   ) en France l'année dernière.   彼は去年フランスに行きました.
    (3) La cuisine marocaine est (   ) bonne (   ) la cuisine française.
    モロッコ料理はフランス料理と同じ位おいしい.
    (4) Farid danse (   ) (   ) de la classe.   ファリッドはクラスでいちばん踊りが上手い.

🎀 発見されたモナリザ Qui a volé la Joconde ?

1913年12月，イタリアのフィレンツェから全世界に向け，モナリザ発見のビッグ・ニュースが発信されました．ルーヴル美術館からモナリザが盗まれたのは，1911年8月21日のこと．逮捕された男は裁判でこう主張しました．「ナポレオンが奪ったイタリアの宝を取り戻しただけだ．」

確かに，モナリザを描いたレオナルド・ダ・ヴィンチはイタリア人．しかし，フランスは盗んだわけではありません．晩年のダ・ヴィンチをフランスに招いて厚遇したフランソワ1世に贈られたモナリザが，歴代のフランス王やナポレオンの手を経て，ルーヴルの所蔵品になったのです．

発見されたモナリザは，イタリア一周の展覧会で祖国の人々の目を愉しませてからルーヴルに戻り，今もフランスの至宝であり続けています．

quarante-neuf 49

Leçon 8 — Dialogue & Activités

259 / 260

CarolineとAlainの家で、Éliseがモロッコ旅行の話をしています。3人はAlainの作ったクスクスを食べています。（クスクスはフランス人が大好きな北アフリカ料理）*Chez Caroline et Alain, Élise raconte son voyage au Maroc. Ils sont à table, Alain a préparé un couscous (qui est considéré comme l'un des plats préférés des Français).*

Caroline : Alors, Élise, tu as aimé le Maroc ?
Élise : J'ai adoré !
Caroline : Qu'est-ce que vous avez fait ?
Élise : Nous avons rencontré la famille de Farid, nous avons voyagé, nous sommes allés au bord de la mer…
Caroline : Vous avez choisi la meilleure saison !
Élise : Oui, juillet, c'est bien. Au mois d'août, il fait trop chaud.
Alain : … Encore du* couscous ?   *☞ Leçon 9
Élise : Merci. Il est délicieux !
Alain : J'ai fait du couscous marocain exprès** pour toi, Élise !   **exprès ＝わざわざ

1 上の会話の内容と一致するものには○、一致しないものには×、会話からはわからないものには？をつけましょう。*Vrai ou faux ? Avez-vous compris le dialogue ? Relisez le dialogue et dites si c'est vrai, faux, ou si on ne sait pas.* 261

(1) Élise n'a pas aimé le Maroc.   (　)
(2) Élise a rencontré la famille de Farid.   (　)
(3) Ils sont allés au bord de la mer.   (　)
(4) Alain a fait du couscous.   (　)
(5) Caroline n'aime pas le couscous d'Alain.   (　)
(6) Élise n'aime pas beaucoup la cuisine marocaine.   (　)

2 ディアローグに出てくる複合過去形は7つあります。過去分詞から不定詞を辞書で調べましょう。また残りの7つの動詞については、不定詞から過去分詞を調べましょう。*Les participes passés. Complétez le tableau en utilisant le dictionnaire.* 262 / 263

過去分詞	動詞不定詞	動詞不定詞	過去分詞
aimé		manger	
adoré		téléphoner	
fait		finir	
rencontré		partir	
voyagé		sortir	
allé(e)(s)		avoir	
choisi		être	

50　cinquante

Escapades!

3 Élise, Caroline, Alainの３人がバカンス中にしたことを，複合過去形を用いて言いましょう．*Regardez la liste des activités de ces trois personnes et dites ce qu'elles ont fait pendant les vacances, au passé composé. Bon courage !*

Élise
jouer au théâtre,
aller au cinéma,
téléphoner à mes parents,
sortir avec mon amoureux,
aller à la bibliothèque,
faire les soldes

Caroline
aller à Paris,
rencontrer des amis,
aller au cinéma avec eux,
manger au restaurant japonais,
chanter au karaoké

Alain
aller chez mes parents à Bordeaux,
partir au bord de la mer,
téléphoner à une copine,
regarder la télé,
travailler pour les examens

→ Elle a joué au théâtre, …

→ Elle…

→ Il…

4 これまでに出てきた表現を使って，あなたのバカンス（または週末）の出来事を話してみましょう．*Et vous ? Sur le modèle de l'exercice 3, écrivez ce que vous avez fait pendant les dernières vacances ou pendant le week-end. Puis dites-le à un autre étudiant.*

例

☞ p.33. 4 Vocabulaire

La Tour Eiffel
高さ 325m
建造年 1889年

L'Hôtel des Invalides
高さ 107m
建造年 1706年

L'Arc de Triomphe
高さ 55m
建造年 1836年

La Pyramide du Louvre
高さ 22m
建造年 1989年

5 （比較級）上の建造物を比べてみて，（ ）に適切な単語を書きましょう．*Comparatif. Regardez ces monuments et comparez-les. Écrivez ensuite entre parenthèses les mots qui conviennent.*

Vocabulaire　（いずれも建物が）haut 高い　ancien 古い　moderne 新しい

(1) L'Arc de Triomphe est (　　　　　　　) haut que la Pyramide du Louvre.
(2) La Pyramide du Louvre est (　　　　　　　) haute que l'Arc de Triomphe.
(3) L'Hôtel des Invalides est (　　　　　　　) ancien que la Tour Eiffel.
(4) L'Arc de Triomphe est (　　　　　　　) moderne que la Tour Eiffel.

6 （最上級）上の建造物を比べてみて，（ ）に適切な単語を書きましょう．*Superlatif. Regardez ces monuments et comparez-les. Écrivez ensuite entre parenthèses les mots qui conviennent.*

(1) Le monument (　　　　　　) haut est la Tour Eiffel.
(2) Le monument (　　　　　　) haut est la Pyramide du Louvre.
(3) Le monument (　　　　　　) moderne est la Pyramide du Louvre.
(4) Le monument (　　　　　　) ancien est l'Hôtel des Invalides.

cinquante et un　51

Leçon 9 Grammaire & Exercices

1 直接目的語と間接目的語 *Compléments d'objet direct et indirect* ☞ p. 46 Appendice 1 §8 文型 参照.

2 目的語人称代名詞（動詞の前に置く）*Pronoms personnels compléments* ⑵⑺⑸

	直接目的	間接目的		直接目的	間接目的
je	me (m')*		nous	nous	
tu	te (t')*		vous	vous	
il	le (l')*	lui	ils	les	leur
elle	la (l')*		elles		

*母音（または無音の h）で始まる動詞の前ではそれぞれ m', t', l' になる

> 補足　3人称の人称代名詞のうち，直接目的 (le, la, les) は人にも物にも用いられる．間接目的 (lui, leur) は原則として人についてのみ使われる．

⑵⑺⑹
Charles apporte <u>le cadeau</u>.　シャルルはプレゼントを持ってくる.
→ Charles l'apporte.　シャルルはそれを持ってくる.

Il parle <u>à Claire</u>.　彼はクレールに話す. → Il lui parle.　彼は彼女に話す.

Je t'aime.　あなたのことが好きです.（t'=te 直接目的語）

Tu ne m'aimes pas.　あなたは私のこと愛してない.（m'=me 直接目的語）

Je te présente mes parents.　あなたに両親を紹介します.（te=間接目的語）

> 発展　人称代名詞の直接目的と間接目的が同時に用いられる場合と命令形は Appendice 2 を参照.

> 直接間接の両方の目的語が取れる動詞 ⑵⑺⑺
> apporter　acheter
> donner　offrir
> conseiller
> proposer
> présenter

3 部分冠詞 *Article partitif*

不特定・不可算名詞 （ある量の〜, ある程度の〜） ⑵⑺⑻

男性 (m.)	du (de l')
女性 (f.)	de la (de l')

du vin　ワイン　　　de l'argent　お金
de la soupe　スープ　de l'eau　水

> ☞ Appendice 1 部分冠詞

▶母音（または無音の h）で始まる名詞の前では, 男性形も女性形も de l' になる.

4 中性代名詞 *Pronoms neutres*

いずれも動詞の直前に置かれ, 受ける名詞の性・数には関係しない.

en
① 「de＋名詞」に代わる ⑵⑺⑼
　Il parle <u>de ce cadeau</u>.　彼はそのプレゼントの話をしている. → Il en parle.　彼はその話をしている.
② 「不定冠詞 des・部分冠詞＋名詞」に代わる
　J'ai <u>des livres</u>.　本を持っています. → J'en ai.　それを持っています.
③ 数量表現のあとにつづく名詞に代わる
　J'apporte deux <u>livres</u>.　本を2冊持っていきます. → J'en apporte deux.　それを2冊持っていきます.
　Vous avez des <u>CD</u> ?　CDを持っていますか? — Oui, j'en ai beaucoup.　はい, たくさん持っています.

> beaucoup de ~ たくさんの~
> ☞ p. 55 数量表現

y
① 「à＋物・事」に代わる ⑵⑻⑽
　Je pense <u>à mes études</u>.　勉強のことを考える → J'y pense.　そのことを考える.
② 「場所の前置詞（à, dans, sur, chez, en など）＋名詞」に代わる
　On va <u>chez Caroline</u>.　カロリーヌの家に行こう. → On y va.　そこに行こう.

le
属詞, 節, 文などを受ける ⑵⑻⑴
　Penses-tu <u>que Farid va apporter un cadeau à Caroline</u> ? — Non, je ne le pense pas.
　ファリッドはカロリーヌへのプレゼントを持ってくると思う?ーいいえ, そうは思いません.

52 cinquante-deux

Escapades!

◆◆◆◆◆◆◆◆◆◆◆◆◆◆ Exercices ◆◆◆◆◆◆◆◆◆◆◆◆◆◆

1. 次の文の直接目的語に下線を，間接目的語に波線をひきましょう．*Soulignez les compléments d'objet direct d'un trait plein, et les compléments d'objet indirect d'un trait ondulé.* 282

    (1) Élise aime beaucoup son amie Claire.
    (2) Tu rencontres le père de Farid ?
    (3) Il téléphone à ses parents.
    (4) Élise écrit à son copain.
    (5) Je parle à ma sœur.

2. 1の文の直接目的語・間接目的語をそれぞれ人称代名詞に置きかえて，文を書き直しましょう．*Réécrivez les phrases de l'ex.1 en utilisant les pronoms compléments.* 283

3. 音声を聞いて，次の名詞に部分冠詞をつけましょう．*Dictée* 284

    (1) (　　　) pain　(2) (　　　) eau　(3) (　　　) soupe　(4) (　　　) vin

4. 中性代名詞 en, y, le のいずれかを用いて，次の文を書き直しましょう．*Réécrivez les phrases en utilisant les pronoms neutres.* 285

    (1) Vous avez des billets ?
    (2) Il a un frère.
    (3) J'ai besoin de ce livre.（*avoir besoin de ～ = ～が必要である）
    (4) Elle pense à son voyage.
    (5) Je vais à Paris.
    (6) Tu sais qu'elle rentre demain ?

5. 音声を聞き，(　)に適切な語を入れて，文を完成させましょう．*Dictée* 286

    (1) Je (　　　) (　　　) Marie, ma fiancée.
    (2) Vous avez besoin de ce dictionnaire ? — Oui, j' (　　　) (　　　) besoin.
    (3) Tu penses à ton voyage ? — Oui, j' (　　　) (　　　).
    (4) Il sait qu' (　　　) rentre ? — Oui, il (　　　) (　　　).

動詞を覚えよう！

acheter（～er 変則）287

j'	achète	nous	achetons
tu	achètes	vous	achetez
il	achète	ils	achètent

offrir 288

j'	offre	nous	offrons
tu	offres	vous	offrez
il	offre	ils	offrent

cinquante-trois 53

Leçon 9 — Dialogue & Activités

289 / 290

明日はCarolineの35歳の誕生日です．妻の誕生日を祝うためAlainはホームパーティを計画しています．招かれた友人たちはプレゼントに何を持って行くか話しています．*Préparatifs d'anniversaire. Caroline va avoir 35 ans, et Alain prépare une fête pour elle à la maison, avec leurs amis. Ces derniers parlent des cadeaux qu'ils apporteront.*

Élise : C'est l'anniversaire de Caroline, demain ! Alain l'a dit tout à l'heure.
Farid : Qu'est-ce que vous lui offrez ?
Élise : Je lui achète le dernier roman de Murakami. Elle le veut.
Claire : Très bien. Moi, je lui offre un CD.
Farid : Moi, je ne sais pas. Je lui donne peut-être un foulard marocain… ?
Élise : Ah, oui ! Elle n'en a pas. C'est sympa !
Claire : Charles apporte un cadeau de Suisse. Je lui conseille des chocolats.
Farid : Super ! … S'il y pense !
Claire : Mais oui !
Élise : À demain, alors !

1 上の会話の内容と一致するものには○，一致しないものには×，会話からはわからないものには？をつけましょう．*Vrai ou faux ? Avez-vous compris le dialogue ?* 291

(1) L'anniversaire de Caroline, c'est aujourd'hui. (　)
(2) Caroline veut le dernier roman de Murakami. (　)
(3) Claire offre un livre à Caroline. (　)　(4) Farid a un foulard marocain. (　)
(5) Charles apporte un cadeau. (　)　(6) Claire conseille des chocolats à Charles. (　)

2 下線の引かれている名詞に適切な部分冠詞（du, de la）をつけて読んでみましょう．
Mettez l'article partitif qui convient à chaque mot souligné et lisez-les.

 Vocabulaire 292 / 293

 <u>viande</u> (f.) 肉
 <u>pomme</u> (f.) りんご
 <u>fraises</u> (f.) いちご
 <u>confiture</u> (f.) ジャム
 <u>lait</u> (m.) 牛乳
<u>vin</u> (m.) ワイン
<u>bonbons</u> (m.) キャンディ

 <u>pain</u> (m.) パン
 <u>gâteau</u> (m.) ケーキ
 <u>fromage</u> (m.) チーズ
 <u>beurre</u> (m.) バター
 <u>poisson</u> (m.) 魚
 <u>pommes de terre</u> (f.) じゃがいも

54　cinquante-quatre

Escapades!

3 54ページのVocabulaireと次の数量表現を組み合わせて言ってみましょう. *Prononcez le vocabulaire de la page 54 en combinaison avec les expressions quantitatives suivantes.*

*de の後につく名詞は無冠詞. 数えられる名詞は複数形, 数えられない名詞は単数形にしましょう.

数量表現 ⟨294⟩

beaucoup de ...　たくさんの　　　　　une bouteille de ...　1瓶の
un kilo de ...　1キロの　　　　　　　un verre de ...　グラス1杯の
50 grammes de ...　50グラムの　　　un paquet de ...　1袋の
un litre de ...　1リットルの　　　　　un morceau de ...　1切れの

un peu de ＋ 数えられない名詞（単数形）「少量の」

quelques ＋ 数えられる名詞（複数形）「いくつかの」

例　beaucoup de viande / une bouteille de vin

4 54ページのVocabulaireと上の数量表現を使って, 例にならってふたりで買い物の会話をしましょう. *Créez des questions-réponses sur le modèle des exemples. Puis exercez-vous avec un autre étudiant.* ⟨295⟩

Exemple 1 :

A : Qu'est-ce que vous prenez, Madame ?

B : Je vais prendre des tomates.

A : Vous voulez combien de tomates ?

B : 2 kilos de tomates, s'il vous plaît.

Exemple 2 :

A : Qu'est-ce que vous prenez, Madame ?

B : Je vais prendre des tomates.

A : Vous en voulez combien ?

B : J'en prends 2 kilos, s'il vous plaît.

5 空欄に適切な代名詞を入れてAlainのメールを完成させましょう. *Complétez les phrases avec les pronoms adéquats.* ⟨296⟩

| 直接目的語 人称代名詞 | 間接目的語 人称代名詞 | 中性代名詞 |

De : Alain, alain@parizone.fr
À : Brigitte, brigitte45@lyonzone.fr
Objet : L'anniversaire de Caroline

Ma chère maman,

C'est l'anniversaire de Caroline. Farid ⬜ offre un foulard. Claire ⬜ donne un CD. Caroline aime les romans de Murakami : Élise ⬜ apporte un pour elle. Charles achète souvent des chocolats en Suisse : il ⬜ apporte 500 grammes, ce soir.

Moi, je ⬜ fais un gâteau d'anniversaire.

Je ⬜ embrasse.

Ton fils, Alain

cinquante-cinq　55

298 / 299

> 練習
> 次の動詞も活用させましょう.
>
> se réveiller
> se lever
> se laver
> se promener
> s'appeler
> s'habiller

1 代名動詞 *Verbes pronominaux* 297

人称により変化する再帰代名詞seを伴う動詞.

se coucher

je	me	couche	nous	nous	couchons
tu	te	couches	vous	vous	couchez
il	se	couche	ils	se	couchent

coucher ～「～を寝かせる」(他動詞) → se coucher「自分を寝かせる」=「寝る」(代名動詞)

① 再帰的用法 (「自分を～する」) 300

Elle se couche tard. 彼女は遅くに寝ます.

Il se lave. 彼は体を洗います.

② 代名動詞が直接目的語を伴う.

[se ＝間接目的語] Il se brosse les dents. 彼は歯を磨きます.

③ 相互的用法 (「互いに～しあう」. 主語は必ず複数)

[se ＝直接目的語] Caroline et Alain s'aiment. カロリーヌとアランは愛しあっています.

[se ＝間接目的語] Élise et Farid se parlent au téléphone. エリーズとファリッドは電話で話します.

> 代名動詞には他にも用法がある. 301
>
> ▶受動的用法 (「～される」. 主語は必ず3人称. 人間以外の「物」)
> [se ＝直接目的語]
> Mon rêve se réalise.
> 私の夢が叶います.
>
> ▶本質的用法 (代名動詞専用の動詞. 熟語と考える)
> Je me souviens de mon grand-père.
> 祖父のことを思い出します.
> (*se souvenir de ～ = ～を思い出す)

302

否定文	Je ne me couche pas tôt. 私は早い時間に寝ません.
倒置疑問文	Te couches-tu tard ? 君は遅い時間に寝るの?
肯定命令文	Couche-toi. (te → toi). 寝なさい.
否定命令文	Ne te couche pas tard. 遅い時間に寝るな.

2 現在分詞 *Participe présent* 303

直説法現在1人称複数の語幹 ＋ **ant** | nous chantons → chantant

(例外) être → **étant**, avoir → **ayant**, savoir → **sachant**

[用法] 名詞を修飾するか, 理由や時などを表す接続詞を用いた副詞節に代わる.

304 J'ai rencontré Charles marchant dans la rue. 道を歩いているシャルルに出会いました.

Ayant froid, j'ai fermé la fenêtre. 寒かったので窓を閉めました. *avoir froid = 寒い ☞ L3

3 ジェロンディフ *Gérondif* 305

en ＋ 現在分詞

[用法] 副詞的に主節にかかり, 同時性, 時, 手段, 譲歩などを表す. ジェロンディフの主語は常に主節の主語に一致する.

J'ai rencontré Charles en marchant dans la rue. 道を歩いている途中で, シャルルに出会いました.

En prenant un café ensemble, nous avons échangé des nouvelles.
コーヒーを飲みながら, 私たちは情報交換しました.

Escapades!

◆◆◆◆◆◆◆◆◆◆◆◆◆◆◆ **Exercices** ◆◆◆◆◆◆◆◆◆◆◆◆◆◆

1. （　　）の動詞を現在形に活用させて, 文を完成させましょう. *Mettez les verbes entre parenthèses au présent.* 306

   (1) Je (　　　　　　　　　　) à minuit. (se coucher)
   (2) Tu (　　　　　　　　　　) les mains. (se laver)
   (3) Ma mère et moi, nous (　　　　　　　　　　) au téléphone. (se parler)

2. （　　）の動詞を現在分詞に活用させて, 文を完成させましょう. *Mettez les verbes entre parenthèses au participe présent.* 307

   (1) (　　　　　　) trop fatiguée, je ne vais pas au cinéma ce soir. (être)
   (2) (　　　　　　) beaucoup le pain français, j'achète souvent des baguettes. (aimer)
   (3) (　　　　　　) au Japon, mes amis français parlent bien japonais. (habiter)

3. 例にならって, 最初の動詞を直説法現在に活用させ, 2つめの動詞をジェロンディフにして, 文を書き改めましょう. *Dites ce que font ces personnes en utilisant un gérondif pour le 2ème verbe.* 308

   Exemple : Je (parler) (manger) → Je parle en mangeant.
   (1) Elle (chanter) (danser).
   (2) Nous (étudier) (écouter de la musique).
   (3) Alex (manger) (marcher).
   (4) Je (regarder la télé) (parler au téléphone).
   (5) Je (lire un magazine) (boire un café).

4. 音声を聞き, （　　）に適切な語を入れて, 文を完成させましょう. *Dictée* 309

   (1) Je (　　　　　　　　) (　　　　　　　　　　) le matin.
   (2) (　　　　　　　　) malade, elle est allée au lit à neuf heures du soir.
   (3) Tu manges (　　　　　　　　) (　　　　　　　　　) la radio ?

動詞を覚えよう！

lire 310

je	lis	nous	lisons
tu	lis	vous	lisez
il	lit	ils	lisent

voir 311

je	vois	nous	voyons
tu	vois	vous	voyez
il	voit	ils	voient

dire 312

je	dis	nous	disons
tu	dis	vous	dites
il	dit	ils	disent

mettre 313

je	mets	nous	mettons
tu	mets	vous	mettez
il	met	ils	mettent

cinquante-sept　57

Leçon 10 — Dialogue & Activités

314 / 315

若者の生活習慣についてアンケートが行われています。
Enquête d'une journaliste sur les habitudes des jeunes.

Journaliste :	Vous vous levez à quelle heure le matin ?
Claire :	En général*, je me réveille vers 6 heures mais je me lève plus tard, vers six heures et demie.
Journaliste :	Puis vous prenez une douche ?
Claire :	Oui, je me douche, je me coiffe, je m'habille.
Journaliste :	Et ensuite, vous prenez le petit déjeuner ?
Claire :	Oui, je prends mon petit déjeuner, et je me brosse les dents.
Journaliste :	Et le soir, vous vous couchez à quelle heure ?
Claire :	Vers minuit.
Journaliste :	Qu'est-ce que vous faites le week-end ?
Claire :	Le week-end, je me repose !
Journaliste :	Comment vous appelez-vous ?
Claire :	Je m'appelle Claire.
Journaliste :	Merci, Claire.
Claire :	Je vous en prie.

*en général = 普通は

1 上の会話の内容と一致するものには○，一致しないものには×，会話からはわからないものには？をつけましょう．*Vrai ou faux ? Avez-vous compris le dialogue ? Relisez le dialogue et dites si c'est vrai, faux, ou si on ne sait pas.* 316

(1) Claire se réveille vers 6 heures et demie. (　)
(2) Elle se lève à 7 heures. (　)
(3) Elle ne se douche pas. (　)
(4) Elle se brosse les dents le matin. (　)
(5) Elle se couche vers minuit. (　)
(6) Elle se repose le week-end. (　)

2 代名動詞の命令形の表を完成させましょう．*Verbes pronominaux à l'impératif. Complétez le tableau.* 317

動詞不定詞	tu に対して	nous に対して	vous に対して
se lever	Lève-toi		
se réveiller			
se coucher			Couchez-vous
se reposer			
se doucher	Douche-toi		
se promener			Promenez-vous
s'habiller		Habillons-nous	

58　cinquante-huit

Escapades!

3 AlexとCarolineが日曜にすることを言いましょう. *Que font ces personnes le dimanche ?*

Alex
se réveiller à 11h
regarder la télé
se doucher
prendre un brunch à 13h30
se reposer
se coucher vers 23h

Caroline
se lever vers 9h
se laver
s'habiller
se brosser les cheveux
se promener avec son chien
prendre un bain
se coucher tôt
♥ ♥

Le dimanche, …
Alex _____
_____
_____

Le dimanche, …
Caroline _____
_____
_____

4 あなたが日曜にすることを答えましょう. また, クラスメートとたずねあいましょう. *Et vous, que faites-vous le dimanche ? Répondez aux questions. Ensuite, posez les questions à votre voisin(e).*

Le dimanche, …
(1) Vous vous réveillez à quelle heure ? _____
(2) Vous vous levez à quelle heure ? _____
(3) Est-ce que vous vous douchez le matin ? _____
(4) Vous vous lavez les cheveux ? _____
(5) Vous vous brossez les dents ? _____
(6) Vous vous promenez ? _____
(7) Vous vous reposez ? _____
(8) Vous vous couchez tôt ? _____

5 57ページの練習問題3を参考に, 同時にできることを, ジェロンディフを使って例のように言ってみましょう. また, クラスメートとたずねあいましょう. *Dites quelles choses vous pouvez faire en même temps, en utilisant le gérondif, puis échangez avec votre voisin/voisine (voir l'exercice 3, page 57).*

Exemple 1 : Moi, je parle au téléphone en dansant !
Exemple 2 : Moi, je chante en me douchant.
Moi, je _____

cinquante-neuf 59

Leçon 11 — Grammaire & Exercices

1 直説法半過去 *Imparfait*

325				avoir 326				être 327			
je	-ais	nous	-ions	j'	avais	nous	avions	j'	étais	nous	étions
tu	-ais	vous	-iez	tu	avais	vous	aviez	tu	étais	vous	étiez
il	-ait	ils	-aient	il	avait	ils	avaient	il	était	ils	étaient

328 ［作り方］

活用語尾はすべての動詞に共通：-ais, -ais, -ait, -ions, -iez, -aient
語幹は直説法現在1人称複数形から-onsを取ったもの

例）habiter → nous *habit*ons → j'*habit*ais, tu *habit*ais…

　　※例外　être → j'étais, tu étais…

> 練習　次の動詞を半過去に活用させましょう. 330
> chanter, finir, aller, venir, faire, prendre, voir, savoir, dire

［用法］329

過去のある時点を基準として, そのときの継続的動作・状態や, 習慣的行為をあらわす.

Quand elle était petite, elle avait un chien.　彼女は幼少期に犬を飼っていました.

Il faisait déjà chaud à dix heures du matin.　朝10時にはもう暑かったです.

À cette époque, ma grand-mère allait à l'église tous les dimanches.
当時, 祖母は毎日曜日教会に通っていました.

2 直説法複合過去Ⅱ（複合過去と半過去）*Passé composé et imparfait* 331

複合過去　現在の視点からひとまとまりとして見た過去の行為・状態. 始まりと終わりがまとまりとしてとらえられ, その長さは問題にしない.

半過去　始まりも終わりも問題にせず, 継続中のものとしてとらえられた過去の行為・状態

Il a habité à Nice pendant dix ans.　/　Il habitait à Nice il y a dix ans.
彼は10年間ニースで暮らしました. / 彼は10年前にニースに住んでいました.

▶両者が使われる場合, 半過去は背景・枠組みを表し, 複合過去は起こった出来事をあらわす

Ma mère faisait la cuisine quand je suis rentré à la maison.
私が帰宅したとき, 母は料理をしていました.

📕 シャンゼリゼ　*Les Champs-Élysées* 332

パリにはシャンゼリゼという名前の大通りがあります. コンコルド広場から凱旋門までの約3km, 幅70m, マロニエの並木道です. 同名タイトルの流行歌を知っていますか？ ［　］の動詞を半過去に活用させ, 口ずさんでみませんか(YouTubeで歌が聴けます).

Je me (　　　) [balader] sur l'avenue. / Le cœur ouvert à l'inconnu.　大通りを散歩していた / 見知らぬ人に心を開き

J' (　　　) [avoir] envie de dire bonjour à n'importe qui.　誰にでも挨拶したかった

N'importe qui et ce fut* toi. / Je t'ai dit n'importe quoi.　誰にでも, そしてそれは君だった / 君に何でも言った

Il (　　　) [suffire] de te parler pour t'apprivoiser.　君と親しくなるためには話すだけで十分だったから

[Refrain] リフレイン

Aux Champs-Élysées / Aux Champs-Élysées / Au soleil sous la pluie / À midi ou à minuit.
シャンゼリゼ大通りには / シャンゼリゼ大通りには / 晴天でも / 雨天でも / 昼でも夜でも

Il y a tout ce que vous voulez / Aux Champs-Élysées.　あなたの欲しい物は何でもある / シャンゼリゼ大通りには

* fut = êtreの単純過去 (☞ Appendice 2)

60　soixante

Escapades!

◆◆◆◆◆◆◆◆◆◆◆◆◆◆ **Exercices** ◆◆◆◆◆◆◆◆◆◆◆◆◆◆

1. ［ ］に示されている動詞を半過去に活用させて，文を完成させましょう. *Mettez les verbes entre parenthèses à l'imparfait.* ㉝

    (1) J' (   ) en vacances à la mer quand j' (   ) petite.
            ［aller］   ［être］

    (2) J' (   ) bien l'école de mon quartier.
          ［aimer］

    (3) Nous (   ) beaucoup de sport, avant.
            ［faire］

    (4) Les femmes (   ) des chapeaux, autrefois.
              ［porter］

2. 日本語訳を参考に（ ）の動詞を複合過去または半過去に活用させましょう. *Mettez les verbes entre parenthèses à l'imparfait ou au passé composé.* ㉞

    (1) Hier, c'(être) l'anniversaire de Caroline. Je lui (donner) un roman.
        昨日はカロリーヌの誕生日でした. 私は彼女に小説をあげました.

    (2) Quand elle (entrer) dans le salon, son père (regarder) la télé.
        彼女が応接間に入ったとき, 父親はテレビを見ていました.

    (3) Il (arriver) au cinéma une heure en avance, mais il y (avoir) déjà beaucoup de monde.
        彼は映画館へ1時間前に着いたのですが, すでにたくさんの人たちがいました.

    (4) Après le petit déjeuner, nous (marcher) dans le parc, parce qu'il (faire) très beau.
        朝食後, 私たちは公園を歩きました. とてもよい天気だったからです.

3. 音声を聞き, （ ）に適切な語を入れて, 文を完成させましょう. *Dictée* ㉟

    (1) C' (   ) l'anniversaire de Charles.

    (2) Quand Caroline est rentrée, Alain (   ) la cuisine.

動詞を覚えよう！（直説法現在）

devoir ㊱

je	dois	nous	devons
tu	dois	vous	devez
il	doit	ils	doivent

rendre ㊲

je	rends	nous	rendons
tu	rends	vous	rendez
il	rend	ils	rendent

pouvoir ㊳

je	peux［puis］	nous	pouvons
tu	peux	vous	pouvez
il	peut	ils	peuvent

vouloir ㊴

je	veux	nous	voulons
tu	veux	vous	voulez
il	veut	ils	veulent

soixante et un **61**

Leçon 11

Dialogue & Activités

340 / 341

ÉliseとCarolineが話しています. *Conversation entre Élise et Caroline.*

Caroline : Quand as-tu décidé de devenir comédienne ?

Élise : J'avais 10 ans. J'ai vu ma première pièce de théâtre. C'était une pièce de Molière. J'ai adoré.

Caroline : Ça a été le déclic ?

Élise : Oui, je pense. Ma mère était comédienne, avant, mais elle a arrêté quand je suis née.

Caroline : Donc, vous aimiez le théâtre, dans ta famille ?

Élise : Oui. Et mon père chantait aussi. Il était ténor. Il a été l'élève d'un chanteur célèbre.

Caroline : Il chante encore ?

Élise : Non, il a perdu sa voix. Il fumait trop.

Caroline : Dommage.

Élise : Après, j'ai pris des cours de théâtre au conservatoire de Marseille, puis à Paris, et je suis devenue comédienne.

1 上の会話の内容と一致するものには○，一致しないものには×，会話からはわからないものには？をつけましょう. *Vrai ou faux ? Avez-vous compris le dialogue ?* 342

(1) Élise a décidé de devenir comédienne quand elle avait 10 ans. (　　)

(2) Elle a vu une pièce de théâtre et a adoré. (　　)

(3) Sa mère était comédienne, autrefois. (　　)

(4) Son père n'aimait pas chanter. (　　)

(5) Son père ne fumait pas. (　　)

(6) Élise a étudié le théâtre à Marseille et à Lyon. (　　)

Molière (1622-1673)

2 （　）の動詞を半過去に活用させて，文を完成させましょう. どんな意味なのか訳を考えてみましょう. *Mettre les verbes à l'imparfait et traduisez les phrases.* 343

1. Quand Élise ＿＿＿＿＿ (être) enfant, elle ＿＿＿＿＿ (adorer) le théâtre.

2. Quand elle ＿＿＿＿＿ (être) jeune, la mère d'Élise ＿＿＿＿＿ (être) comédienne. Elle ＿＿＿＿＿ (travailler) au théâtre.

62　soixante-deux

Escapades!

3. Dans la famille d'Élise, ils _____ (aimer) beaucoup le théâtre. Ils _____ (aller) souvent au théâtre en famille le week-end.

4. Le père d'Élise _____ (chanter), il _____ (avoir) une belle voix.

5. Aujourd'hui, le père d'Élise a perdu sa belle voix : il _____ (fumer) trop.

6. Charles _____ (habiter) en Suisse quand il _____ (être) enfant.

7. Farid _____ (faire) beaucoup de sport au Maroc.

8. À 5 ans, Claire _____ (jouer) déjà du piano.

9. Au Japon, Midori _____ (écouter) toujours de la musique le dimanche.

10. Quand elle _____ (habiter) à Lyon autrefois, Caroline _____ (marcher) souvent dans la forêt avec ses parents et sa sœur.

11. Avant, Alain _____ (partir) souvent en Espagne ou au Mexique pour apprendre l'espagnol.

12. Quand il _____ (étudier) au lycée, Alex _____ (visiter) beaucoup de musées. Maintenant, il n'a plus le temps.

Leçon 12 Grammaire & Exercices

1 関係代名詞 *Pronoms relatifs*

① qui   先行詞が関係節の主語. 人でも物でもよい. `344`

La Finlande, c'est un pays qui m'intéresse.

フィンランドは, 私の興味をひく国です.

> intéresser 人＝〜に興味を持たせる（物, 事が主語になります.「物・事が〜する」というのは, フランス語でよく使われる表現です.)

② que   先行詞が関係節の直接目的語. 人でも物でもよい. `345`

Il y a un pays que j'aime particulièrement.   特に私が好きな国があります.

③ où   場所, 時をうける. `346`

Je vais dans un restaurant où on mange du bon couscous.

おいしいクスクスが食べられるレストランに行きます.

④ dont   「de＋先行詞」. 関係節にdeを要求する語 (句) がある. `347`   `348`

Connais-tu ce joueur de tennis dont on parle beaucoup ?

話題になっているこのテニス選手を知ってる？ (parler de 〜＝〜について話す)

(=Connais-tu le joueur de tennis ? On parle beaucoup de ce joueur de tennis.)

Alain a un frère dont les loisirs sont le football et la natation.   アランには, サッカーと水泳の趣味を持つ兄がいる.

(=Alain a un frère. Les loisirs de ce frère sont le football et la natation.)

> 発展　関係代名詞の前に ce をつけて「〜であるもの」「〜であること」を表す.
> Ce qui m'intéresse surtout, c'est le cinéma français.
> Fais ce que tu veux.

2 直説法複合過去Ⅲ (復習) *Passé composé (révision)* `349`

過去の行為や出来事, またはその結果としての現在の状態をあらわす.

> 助動詞 (avoir / être) の現在形＋過去分詞

▶Leçon 8で学習したように, 助動詞に être を使う場合, 過去分詞は主語に性数一致する.

Elle est allée en France.   彼女はパリに行きました.

3 直接目的語と過去分詞の一致 *Accord du participe passé* `350`

avoirを使った複合過去において, 種々の理由により直接目的語が動詞よりも前に置かれた場合には, 過去分詞は直接目的語に性数一致する.

J'ai beaucoup aimé *la cuisine marocaine*. → Je l'ai beaucoup aimée.

モロッコ料理が好きになった. → それが好きになった.

Voilà les cadeaux que j'ai achetés pour mes parents.   両親のために買ったプレゼントです.

Quels pays francophones avez-vous visités ?   フランス語圏のどの国を訪問しましたか？

▶上記 2 直説法複合過去の être を使う場合の性数一致と混同しないこと.

64　soixante-quatre

Escapades!

Exercices ◆◇◆◇◆◇◆◇◆◇◆◇◆◇◆

1. ( ) に適切な関係代名詞を入れましょう. *Écrivez les pronoms relatifs qui conviennent.* 351

   (1) Les étudiants ( ) désirent aller en France doivent étudier le français.
   フランスに行きたい学生はフランス語を勉強すべきです.

   (2) Les personnes ( ) ont moins de 16 ans ne peuvent pas voir ce film.
   16歳以下の人はこの映画を見られません.

   (3) Achète des gâteaux ( ) il fait. Ils sont délicieux !
   彼が作るケーキを買ってみて. おいしいから!

   (4) La question ( ) il me pose est trop difficile.
   彼が私にする質問は難しすぎます.

   (5) On va visiter la maison ( ) l'auteur de ce roman a travaillé.
   この小説の作者が仕事をした家を見学するつもりです.

   (6) Je pense souvent à l'été ( ) je suis monté sur le mont Fuji.
   富士山に登った夏のことがよく頭に浮かびます.

   (7) Connaissez-vous cette top modèle ( ) tout le monde parle ?
   話題のこのファッションモデルを知っていますか?

   (8) Je vais souvent dans un café ( ) le patron est chinois.
   私は, マスターが中国人であるカフェによく行きます.

2. (復習)( ) の動詞を複合過去に活用させて, 文を完成させましょう. *Conjuguez les verbes au passé composé.* 352

   (1) Il ( ) ( ) en Finlande. (aller)
   (2) Elle ( ) ( ) dans un village. (passer)
   (3) Ils ( ) ( ) de Chine. (revenir)
   (4) Elles ( ) ( ) en Afrique. (partir)

3. 文が正しいか確認し, 必要なら語尾に付け足して, 文を完成させましょう. *Vérifiez l'accord du participe passé.* 353

   (1) Apportez les bagages que vous avez préparé ...... (bagage (*m.*)：荷物)
   準備した荷物を持ってきてください.

   (2) Les informations que j'ai eu ...... étaient utiles. (information (*f.*)：情報)
   私が入手した情報は有益でした.

   (3) Les souvenirs qu'il a rapporté ...... sont beaux. (souvenir (*m.*)：お土産)
   彼が持ち帰ったお土産はすてきです.

4. 音声を聞き ( ) に適切な語を入れて, 文を完成させましょう. *Dictée* 354

   (1) La Finlande, c'est un pays ( ) j'aime beaucoup.
   (2) Ils ( ) ( ) au bord de la mer.
   (3) Quels pays francophones avez-vous ( ) ?

動詞を覚えよう!

connaître 355

je	connais	nous	connaissons
tu	connais	vous	connaissez
il	connaît	ils	connaissent

croire 356

je	crois	nous	croyons
tu	crois	vous	croyez
il	croit	ils	croient

soixante-cinq 65

Leçon 12 — Dialogue & Activités

357 / 358

CharlesはAlainが旅行した国々について尋ねています。
Charles parle avec Alain des voyages de ce dernier.

Charles :   Quels pays as-tu visités ?
Alain :   Presque tous les pays d'Europe, l'Afrique du Nord, la Chine, les États-Unis…
Charles :   Et quels souvenirs as-tu rapportés de ces pays ?
Alain :   Oh, j'ai rapporté des cadeaux pour ma femme, Caroline, la famille, les amis.
Charles :   Il y a un pays que tu aimes particulièrement ?
Alain :   C'est peut-être la Finlande que j'ai surtout aimée…
Charles :   Pourquoi ?
Alain :   Dans les villages où nous sommes passés, les gens nous ont accueillis très chaleureusement.
Charles :   Quelle est la chose dont tu te souviens surtout ?
            Quels sont les gens dont tu te souviens ?
Alain :   …Les fleurs qu'une petite fille nous a données au début du printemps, dans la neige, en Finlande. C'est un très beau souvenir.

1 上の会話の内容と一致するものには○，一致しないものには×，会話からはわからないものには？をつけましょう． *Vrai ou faux ? Avez-vous compris le dialogue ? Relisez le dialogue et dites si c'est vrai, faux, ou si on ne sait pas.* 359

(1) Alain a visité beaucoup de pays.   (   )
(2) Alain n'a pas rapporté de cadeaux de ces pays.   (   )
(3) Il a surtout aimé la Finlande.   (   )
(4) Les Finlandais les ont bien accueillis.   (   )
(5) Il se souvient bien d'une petite fille.   (   )
(6) La petite fille leur a donné des bonbons.   (   )

2 Dialogueのイラストを見て，会話の内容を読み，（　）にふさわしい関係代名詞（qui, que, dont, où）を入れて，文を完成させましょう． *En vous reportant à l'illustration, complétez les phrases par le pronom relatif qui convient, parmi qui, que, où, dont.* 360

(1) L'homme ..... porte un tee-shirt blanc s'appelle Alain.
(2) L'homme .... est à côté de lui, c'est Charles.
(3) Charles demande à Alain : « Il y a un pays .... tu aimes particulièrement ? »
(4) Alain se souvient des fleurs ..... une petite fille lui a données en Finlande.
(5) La Finlande est un pays .... tout est blanc en hiver.
(6) Le salon ..... Alain et Charles parlent est chez Alain.
(7) Le pays ..... Alain parle à Charles est la Finlande.
(8) C'est un pays ...... il se souvient très bien car il l'aime beaucoup.

66 soixante-six

Escapades!

3 フランス語を聞いて，空欄に単語を入れて，文を完成させましょう．*Dictée. Complétez avec les mots qui conviennent dans le vocabulaire proposé.* 361 / 362

Mes chers parents,

Je suis dans un beau (　　) de montagnes (　　) je passe de très bonnes (　　) : la Suisse, (　　) je (　　) pour la première fois. Le (　　) que je (　　) devant moi est (　　), tout est (　　) de (　　). Les amis (　　) je vous ai parlé (　　) ici avec moi et tout (　　) bien. Le professeur (　　) nous apprend à faire du (　　) est (　　) et les (　　) nous ont bien accueillis.
Je vous embrasse, à bientôt !

Votre fils, Alex

363 **Vocabulaire** qui, que, où, dont / gens, paysage, pays, vacances, neige, ski, magnifique, sympa, blanc / être, visiter, voir, se passer

4 フランス語の聞き取り（ディクテ）．室内に置かれているものや動物に関する文で，空欄に単語を入れて，文を完成させましょう．*Dictée. (Pour indiquer l'emplacement des objets, plantes et animaux sur ce dessin.) Choisissez les mots qui conviennent dans le vocabulaire proposé.*

364 **Vocabulaire** 室内にあるもの，動物

un salon / une porte / un mur / une commode / une fenêtre / une plante verte / une fenêtre / un canapé / une étagère / un tableau (des tableaux) / une table / une chaise / un ordinateur / un tapis / un livre (des livres) / un miroir / un chat

365 **Vocabulaire** 位置関係を表す前置詞（下敷き参照）

à côté de ~ / à gauche / à droite / entre ~et ~ / devant / derrière / contre / sur / sous

366 / 367

Dans le salon, la télé est à (　　), sur la commode. La fenêtre est (　　) la télé et le canapé. Il y a un chat (　　) le canapé, et un autre chat (　　) le canapé. (　　) la fenêtre, on voit une plante (　　). Au mur, on voit une étagère avec des (　　). À (　　), il y a une (　　). Sur la table, il y a un (　　), et (　　) la table, une chaise. Contre le mur, à droite, on voit des (　　) et, (　　) des tableaux, un miroir.

soixante-sept 67

Leçon 13　Grammaire & Exercices

1 直説法単純未来 *Futur simple*

368

je	-rai	nous	-rons
tu	-ras	vous	-rez
il	-ra	ils	-ront

donner　369

je	donnerai	nous	donnerons
tu	donneras	vous	donnerez
il	donnera	ils	donneront

活用語尾は全ての動詞に共通. 語幹は原則として動詞不定詞の末尾 r, re, oir を除いた部分.

370　(例外) être → je serai, avoir → j'aurai, aller → j'irai, venir → je viendrai

　　　faire → je ferai, pouvoir → je pourrai, voir → je verrai

　　　savoir → je saurai

[用法] 未来の事柄(行為や状態), および軽い命令(2人称の場合)

372

未来を表す表現
ce soir
la semaine prochaine
dans un mois
en 2030

371　Je serai à Paris l'année prochaine.
　　　来年はパリにいるでしょう.

　　　Tu me donneras de tes nouvelles.
　　　近況を知らせてね.

* donner de ses nouvelles à ～ ＝～に近況を知らせる [nouvelles を全部教えられるわけではないので, 部分を表す冠詞の de がついている]

未来のことをいう
直説法現在と近接未来 (aller + 不定詞) では, 確実に行うであろう未来のことが言えます (例 : Je vais à l'école demain. / Je vais aller à l'école demain.「明日学校に行きます」). 単純未来を使うのは, 例えば天気予報で Il fera beau demain.「明日は晴れるでしょう」のような予想, あるいは J'irai au Japon.「日本に行くでしょう」のような未来の計画を言う場合です.

tu, vous への命令, 依頼
単純未来では tu, vous に対して命令, 依頼をすることができます. 他にも tu, vous を主語にした直説法現在の文や, 命令法で言えます. devoir (～ねばならない), « Il faut ～ » の非人称表現などでも表現の幅が広がります.

2 強調構文 *C'est qui | que ～*　373

C'est ＋ 主語 ＋ qui ～	C'est ＋ 主語以外 ＋ que (qu') ～

[用法] 文中の要素を強調する. 主語とそれ以外の場合では, 強調方法が異なる.

　　Claire habite au premier étage* depuis un an.　クレールは 1 年前から, 2 階に住んでいます.
　　　A　　　　　　B　　　　　　　C　　　　　* premier étage は日本の 2 階です.

A 主語を強調　　→　C'est Claire qui habite au premier étage depuis un an.
　　　　　　　　　　1 年前から 2 階に住んでいるのはクレールです.

B 主語以外を強調 → C'est au premier étage que Claire habite depuis un an.
　　　　　　　　　　クレールが 1 年前から住んでいるのは 2 階です.

C 主語以外を強調 → C'est depuis un an que Claire habite au premier étage.
　　　　　　　　　　クレールが 2 階に住んでいるのは 1 年前からです.

注意　過去分詞は前にある直接目的語に性数一致する. ☞ Leçon 12

3 受動態 *Passif*　374

[構文]　助動詞 être　＋　他動詞の過去分詞　＋　par 又は de　＋　動作主

強勢形 ☞ Leçon 4

注意　過去分詞は主語の性・数に一致する.

Élise est invitée par Farid : エリーズはファリッドに招待されています.
(＝Farid invite Élise.　ファリッドはエリーズを招待します.)
Les cartes de crédit sont acceptées.　クレジットカードは使えます.
(＝On accepte les cartes de crédit. クレジットカード (での支払い) を受け付けます.)
Alex est aimé de tous ses camarades de classe.　アレックスはクラスメート全員に好かれています.
(＝Tous ses camarades de classe aiment Alex.　クラスメートは皆, アレックスのことが好きです.)

68　soixante-huit

Escapades!

◆◆◆◆◆◆◆◆◆◆◆◆◆◆◆◆◆ **Exercices** ◆◆◆◆◆◆◆◆◆◆◆◆◆◆◆◆◆

1. ( )の動詞を単純未来に活用させて，文を完成させましょう． *Conjuguez au futur simple.*

　　　375

　　(1) Si vous avez le temps, vous ( ) chez moi ce soir. (passer)

　　(2) Il ( ) beau la semaine prochaine. (faire)

　　(3) On ( ) ça plus tard. (voir)

　　(4) Je ne ( ) jamais* heureux sans toi. (être)　　*否定表現　ne ... jamais ☞ Appendice 2

　　(5) J' ( ) plus de temps dans un mois. (avoir)

2. 下線部を強調する構文にしましょう． *Réécrivez les phrases avec « C'est ~ qui~ », « C'est ~ que ~ ».*

　　　376

　　(1) J'irai au Japon pour mon travail, l'année prochaine.
　　　　A　　　B　　　　　C　　　　　　　D

　　(2) Charles aura un appartement à Tokyo dans quinze jours.
　　　　A　　　　B　　　　　C　　　　　D

3. 受動態の文にしましょう．( )の前置詞を使いましょう． *Réécrivez les phrases au passif en utilisant la préposition entre parenthèses.*　377

　　(1) Les jeunes aiment le quartier. (par)

　　(2) Caroline et Alain invitent des amis. (par)

　　(3) On visite cette région en hiver. (*par, de は不要)

　　(4) On étudie le français au Québec. (*par, de は不要)

4. 音声を聞き，( )に適切な語を入れて，文を完成させましょう．動詞は［　］内の不定詞を活用させましょう． *Dictée. Complétez les phrases.*　378

　　(1) Il ( ) très froid cet hiver. ［faire］

　　(2) C'est moi ( ) ai fini tout le gâteau. (*主語人称代名詞は強制形になる　je → moi)

　　(3) Élise ( ) ( ) de tout le monde. ［aimer］

📖 フランコフォニー（フランス語圏の国・地域）Francophonie

　フランス語は，現在のフランスにあたる地域のケルト系民族ガリア人が，ローマ帝国の支配を受け，民衆の話し言葉であった俗ラテン語を話すようになり，フランク族のゲルマン語をも取り入れて，生まれました．ルネサンス期に語彙を増やし，17世紀以降，国家レベルでの文法体系の整備，そして，言葉の純化と洗練が進みました．17～20世紀までは国際的な共通語としてヨーロッパで広く用いられ，フランス語ができることが，知識と階級の証でした．

　また，大航海時代以降の植民地政策によって，フランス語は世界中へ普及しました．旧植民地が独立した後も，フランス語は北アフリカ，西アフリカ，太平洋，カリブ海，インド洋，中近東などで，生活や文化に根付いています．

　フランコフォニー国際組織（OIF）が発足し，フランス語を使用する国々の間で，開発，教育，科学技術などの分野における協力を行っています．また，グローバリゼーションが進む中，言語や文化の画一化に反対し，多様性を擁護する運動を繰り広げています．

　また，国際機関や人道救助組織でも，フランス語は公用語になっています．（国際機関：欧州連合，ユネスコ，北大西洋条約機構，オリンピック，国際サッカー連盟，経済協力開発機構；人道救助組織：赤十字，国境なき医師団）

soixante-neuf　**69**

Leçon 13 — Dialogue & Activités

379 / 380

CharlesとClaireがこれからのことを話しています. *Charles et Claire parlent de leurs projets.*

Charles : J'irai au Japon pour mon travail, l'année prochaine…
Claire : C'est génial ! Tu y resteras combien de temps ?
Charles : J'y serai un an ou deux. J'aurai un appartement à Yokohama. Je serai plus occupé qu'ici, mais mon travail sera aussi intéressant que maintenant, je crois.
Claire : Tu connais déjà le pays ?
Charles : Non, mais j'ai un collègue qui rentrera bientôt de Tokyo. Il me racontera. Tokyo, c'est plus grand que Paris, plus animé, et plus cher aussi… Yokohama, c'est plus petit et plus calme que Tokyo, je pense.
Claire : Tu partiras seul ?
Charles : Oui, et justement, je voulais te demander*…
Claire : Oui ?
Charles : Tu viendras me voir* ?
Claire : Avec plaisir !

*目的語代名詞の位置は，関係する動詞の直前です．

1 上の会話の内容と一致するものには○，一致しないものには×，会話からはわからないものには？をつけましょう． *Vrai ou faux ? Avez-vous compris le dialogue ? Relisez le dialogue et dites si c'est vrai, faux, ou si on ne sait pas.* 381

(1) Charles ira au Japon. (　) (4) Son travail ne sera pas aussi intéressant. (　)
(2) Il y restera un ou deux ans. (　) (5) Il ne partira pas seul. (　)
(3) Il sera très occupé. (　) (6) Claire ira voir Charles. (　)

2 次の表現を使ってフランス各地の明日の天気予報をしましょう．動詞を単純未来に活用させましょう． *Lisez le vocabulaire ci-dessous puis utilisez-le pour dire quel temps il fera demain dans les villes indiquées, sur la carte de France. Utilisez le futur simple.* 382

Il y a des nuages.

Il fait beau.

Il y a du brouillard.

Il neige.

Le temps est orageux.

Il pleut.

Il y a du vent.

Il fait mauvais.

70　soixante-dix

Escapades!

1. À Lille, *il fera mauvais*.
2. À Paris, _____.
3. À Nantes, _____.
4. À Bordeaux, _____.
5. À Marseille, _____.
6. À Lyon, _____.
7. À Strasbourg, _____.
8. À Toulouse, _____.

3 単純未来を使って，冬休みの計画についてクラスメートと会話をしましょう． *Demandez à votre voisin ce qu'il fera pendant les vacances d'hiver. Employez le futur simple.*

A. Que feras-tu pendant les vacances d'hiver ?
B. J'irai en Suisse. Et toi ?
A. Moi, je ferai un petit travail.

Vocabulaire : voyager, aller à la montagne, faire du ski, travailler / faire un petit travail, rentrer chez ses parents, aller voir sa famille, rencontrer des amis, sortir, participer aux activités du club (de danse / de chant / de sport …)

4 単純未来を用いて，来週の予定を言ってみましょう．囲みの中の表現を使い，必要なら否定文にしてみましょう．例のように，クラスメートと会話をしましょう． *Utilisez cette liste pour dire ce que vous ferez la semaine prochaine au futur simple de l'indicatif, à la forme négative si besoin, puis échangez avec votre voisin(e).*

Exemple : La semaine prochaine, je ferai un petit travail dans un café. Et toi ?

a) aller à l'université   b) rencontrer des amis
c) manger au restaurant   d) prendre un café avec des copains
e) réviser   f) partir en France
g) faire un petit travail

📖 ジュネーヴ Genève

Dialogueに登場するシャルルはジュネーヴ出身のスイス人で，母語はフランス語です．赤十字などの国際機関が集まる町，哲学者J. = J. ルソーの生地，レマン湖に面した風光明媚な地などの顔を持つジュネーヴ．大学には日本語を学ぶ学生もいます．スイスはフランスと国境を接し，4カ国語が話されています．

soixante et onze 71

Leçon 14 Grammaire & Exercices

1 条件法現在 *Conditionnel présent*

フランス語には，直説法と命令法のほかに条件法と接続法がある．条件法現在の活用は，

直説法単純未来の語幹＋r＋直説法半過去の活用語尾

によって得られる．

練習 次の動詞を条件法（現在）に活用させましょう．
- aimer 396
- être 397
- avoir 398
- finir 399
- aller 400
- venir 401
- vouloir 402

389

je	-rais	nous	-rions
tu	-rais	vous	-riez
il	-rait	ils	-raient

chanter 390

je	chanterais	nous	chanterions
tu	chanterais	vous	chanteriez
il	chanterait	ils	chanteraient

［主な用法］

① 語気緩和（婉曲な表現） 391

自分の意志や願望を表したり，相手に何かを頼むとき，直説法現在だときつくなるので，やんわりと伝えるために条件法現在が使われる．

Je voudrais un café.　コーヒーをいただきたいのですが．
J'aimerais bien changer de vie.　生活を変えたいのです．
Pourriez-vous parler plus lentement ?　もう少しゆっくり話していただけますか．

② 仮定の文（si ~）を伴い，非現実の仮定を表す．392

Si ＋ 直説法半過去, 条件法現在

「もし～なら，～だろうに」

未来の事柄に対する仮定とその結果は 393
Si ＋ 直説法現在, 直説法単純未来
Si je suis libre, j'irai voir l'exposition.
もしひまなら，展覧会を見に行くだろう．

Si j'étais libre, j'irais voir l'exposition.
もしひまなら，展覧会を見に行くだろうに．（＝ひまじゃないから展覧会を見に行けない）

si がなくても条件法が使われます．
Sans toi, je ne sortirais pas.
君が行かないなら，出かけないだろう．（＝君といっしょなら私は出かける）

③ 推測 394

D'après le journal, il y aurait une grève de la SNCF à Noël.
新聞によると，クリスマスにフランス国鉄のストがあるかもしれない．

④ 忠告や提案 395

Tu devrais demander pardon à ta copine ; elle avait raison et tu avais tort.
彼女に謝った方がいいんじゃない．彼女が正しくて，君が悪かったんだから．（devoir ＝ ～しなければならない）

Il vaudrait mieux annuler le rendez-vous ; tu as l'air malade.
約束をキャンセルした方がいいんじゃない．病気みたいに見えるよ．（valoir mieux ＋不定詞 ＝ ～した方がよい）

Il faudrait vérifier.
確かめなければなりません．（動詞falloirは非人称表現）

72　soixante-douze

Escapades!

Exercices

1. （　）の動詞を条件法現在に活用させて、文を完成させましょう. *Conjuguez au conditionnel présent.* 403

    (1) Je (　　　　) essayer ces chaussures, s'il vous plaît. (vouloir)
    この靴を試着したいのですが.

    (2) On (　　　　) bien réserver une chambre dans cet hôtel. (aimer)
    このホテルに部屋を予約したいのですが.

    (3) Nous (　　　　) envie de partir à l'étranger. (avoir)　私たちは外国に行きたいです.

    (4) (　　　　)-tu venir à la réunion ? (pouvoir)　集まりに来られる？

    (5) Si j'étais riche, je (　　　　) mes vacances en Nouvelle-Calédonie. (passer)
    もし金持ちなら、ニューカレドニアでバカンスを過ごすんだけどなあ.

    (6) Si elle ne quittait pas le Japon comme prévu, elle (　　　　) de la saison des cerisiers au printemps. (profiter)
    もし彼女が予定通り日本を離れるのでなければ、春に桜の季節を満喫できただろうに.

    (7) À votre place, nous (　　　　) une voiture. (louer)
    あなた方の立場なら、車を一台借りるところですが.

    (8) Il (　　　　) mieux réviser pour ton concours. (valoir)
    選抜試験のために復習した方がいいです.

    (9) Vous êtes toujours en retard ! Vous (　　　　) respecter les heures de rendez-vous. (devoir)　いつも遅刻するじゃないですか！約束の時間は守ってください.

    (10) Avec cette situation, les guides ne (　　　　) pas être nombreux, au Moyen-Orient. (devoir)　この状況では中東でガイドの数は多くないに違いない.

2. 音声を聞き、（　）に適切な語を入れて、文を完成させましょう. 囲みの中から動詞の不定詞を選んで活用させましょう. *Dictée. Choisissez les verbes entre parenthèses qui conviennent et conjuguez-les au conditionnel présent.* 404

    (1) Je (　　　　) un aller-retour Marseille, s'il vous plaît.
    (2) (　　　　)-tu venir chez moi samedi ?
    (3) Si j'étais libre, j' (　　　　) à la pêche.
    (4) On (　　　　) bien avoir deux places pour l'opéra de ce soir.

    ```
    aimer
    aller
    pouvoir
    vouloir
    ```

フランス発・日本のポップカルチャー

　現在フランスでは日本への関心が広がっています. 特に若者の間でマンガ（manga）やアニメ（animé）は大人気です. 1980年代にフランスのテレビで『鉄腕アトム』『ドラゴンボール』『北斗の拳』がヒットしました. また2000年代から宮崎駿の映画が人気で、自然と人間との共生というテーマや日本のアニメーション技術の高さが評価されています.

　「ジャパン・エキスポ」にも大勢の人が訪れます. これは毎年7月初めに4日間にわたり、パリ北東部の郊外で行われる、ヨーロッパ最大級の日本文化紹介の催しです. ポップカルチャーでは、マンガ、アニメ、ゲームが中心になりますが、J-POPの音楽、伝統文化では、茶道、生け花、書道、武道、折り紙が紹介されます. コスプレやファッションショーには多くの若者が参加します.

　日本のポップカルチャーへの興味が増すにつれ、日本語を学びたいという若者も増えています. フランスには、日本語を教えている高校もあります. パリのINALCO（国際東洋言語文化大学）では、多くの学生が日本語を学んでいます.

　インターネットでは日本人との交流（メール交換、SNSでの交流）を希望するフランス人のサイトが見つかります. 日本に興味のあるフランスの若者と交流してみるのも手かもしれません.

soixante-treize　73

Leçon 14 — Dialogue & Activités

Caroline と Alain が将来について話しています。
Caroline et Alain ont des projets d'avenir...

Caroline : J'aimerais bien partir ce week-end.
On va quelque part ?
Alain : Pourquoi pas ? Où aimerais-tu aller ?
Caroline : Au bord de la mer, ce serait bien.
Alain : En Normandie ?
Caroline : Tiens, oui ! On pourrait y aller en voiture.
Alain : Je préférerais le train, tu sais. Je suis fatigué de conduire !
Caroline : Comme tu veux. Tu vois, on devrait acheter une maison à la campagne, pour les week-ends et les vacances. Je suis sûre que ça te plairait, le jardinage, la pêche, la nature…tout ça.
Alain : C'est clair ! J'habiterais volontiers en province, moi, tu sais.
Caroline : Et si on changeait de vie ?! On déménagerait, on aurait un nouveau travail, une grande maison, un jardin…
Alain : Tu es sérieuse ? … Écoute, on en reparlera !

1 上の会話の内容と一致するものには○, 一致しないものには×, 会話からはわからないものには？をつけましょう. *Vrai ou faux ? Avez-vous compris le dialogue ?*

(1) Caroline désire aller quelque part. (　)
(2) Elle ne veut pas aller à la mer. (　)
(3) Alain veut aller en Normandie. (　)
(4) Ils peuvent y aller en voiture. (　)
(5) Caroline aime la campagne. (　)
(6) Alain n'aimerait pas habiter à la campagne. (　)

2 Philippe と Anne がしたいと夢みていることを言ってみましょう. *Quels sont les rêves de ces personnes ? Dites ce qu'elles voudraient ou aimeraient pouvoir faire.*

☞ *Philippe partirait en Afrique. / Anne terminerait le lycée.*

- partir en Afrique
- aider les enfants d'un village au Mali
- finir mes études
- devenir médecin
- travailler en province

Philippe, 22 ans, étudiant en médecine

- devenir super bonne en *jazz dance*
- terminer le lycée
- être prof de danse
- partir aux États-Unis

Anne, 16 ans, lycéenne

74　soixante-quatorze

Escapades!

3 あなたが現在は実現できないでいるけれど，もし条件が合えば実現したいことを，条件法を使って言ってみましょう． *Dites ce que vous voudriez ou aimeriez faire.* 410 / 411

Si j'avais de l'argent, j'achèterais une maison à la campagne.

(1) Si j'avais de l'argent…
(2) Si j'étais plus âgé(e)…
(3) Si j'avais un appartement ou une maison…
(4) Si j'avais une voiture…
(5) Si j'avais le temps…
(6) Si j'avais du courage…
(7) Si j'avais un/une ami(e) pour m'aider…

- faire le tour du monde
- acheter plein de choses
- voyager en France
- passer une audition
- habiter seul(e)
- aller sur la Lune
- offrir des cadeaux
- étudier à l'étranger
- devenir une vedette

4 (a) から (g) の中から適切なものを選んで，結びつけて，してみたいことを言ってみましょう． *Associez les souhaits (exprimés avec le verbe vouloir au conditionnel présent a) - g) aux divers personnages.* 412 / 413

(1) **Émilie** étudie le japonais, elle…
(2) **Raoul** joue de la guitare, il…
(3) **Jacques**, architecte, …
(4) **Martine** aime la nature, elle…
(5) **Moi**, étudiant(e) de français, je…
(6) **Toi**, tu aimes les voyages, tu….
(7) **Eux**, ils cuisinent très bien, ils…

• (a) voudrais passer six mois en France
• (b) voudraient ouvrir un restaurant
• (c) voudrait construire sa maison
• (d) voudrait vivre à la campagne
• (e) voudrais voyager en Asie et en Europe
• (f) voudrait aller dans une université japonaise
• (g) voudrait rencontrer d'autres musiciens

5 あなたは何をしてみたいですか？クラスメートと意見を交換してみましょう． *Et vous, que voudriez-vous faire ? Écrivez puis échangez vos réponses avec votre voisin/voisine.* 414

Moi, je voudrais _____
_____
_____
_____

📕 連帯市民協約・すべての人に開かれた結婚（同性婚を許可する法律） **PACS, Mariage pour tous**

フランスには結婚制度に縛られないで同居する，というカップルの形があります．フランスでは，結婚していないカップルから生まれる子どもと結婚している夫婦から生まれる子どもの割合は1：1です．他方，同性間で結婚と同様の権利を要求するカップルもいたことから，税制上の優遇などの結婚に近い特典を保障する制度が導入されました．これが1999年に公布されたPACS (Pacte civil de solidarité) ＝ 連帯市民協約です．同性のカップルのみならず，異性のカップルでも，同棲以上，結婚以下と位置づけられるこの制度に登録する人は増えました（フランス語でpacsé(e)(s) という語が生まれました）．ただ，PACSでは養子縁組は認められていませんでした．ついに2013年に同性同士の結婚を許可する法律が公布されました．そして同性婚でも養子を持てるようになったのです．ところが賛成・反対の双方でデモが起き，フランスを二分する論争になりました．

soixante-quinze 75

Appendice 2

§1 接続法現在 *Subjonctif présent*

接続法現在は, êtreとavoir以外は共通の活用語尾をもつ. 語幹は原則として直説法現在の3人称複数形から作るが, 例外も多い. 語尾は, -er動詞の直説法現在の語尾 (e, es, eおよびent) と,直説法半過去の語尾 (ions, iez) の組み合わせからなる. 接続法は一般に従属節で用いられ, 頭の中で考えられた主観的な事柄をあらわす.

chanter 415

je	chante	nous	chantions
tu	chantes	vous	chantiez
il	chante	ils	chantent

être 416

je	sois	nous	soyons
tu	sois	vous	soyez
il	soit	ils	soient

avoir 417

j'	aie	nous	ayons
tu	aies	vous	ayez
il	ait	ils	aient

418 [原則] ils chantent → je chante　　ils finissent → je finisse

(例外) faire → je fasse, pouvoir → je puisse, savoir → je sache
aller → j'aille, nous allions, venir → je vienne, nous venions,
vouloir → je veuille, nous voulions, prendre → je prenne, nous prenions, etc.

[用法]

419 ① 主節が意志, 感情などを表すとき：vouloir que, être heureux que

On voudrait que vous veniez voir notre maison.
あなた (たち) に私たちの家を見に来てもらいたいです.

② 非人称表現 (必要, 可能を表すとき)：il faut que, il est possible que

Il faut que nous arrivions à l'heure.　時間通りに到着しなければなりません.

③ 目的・譲歩などを表す接続詞 (句) の後で：pour que, bien que, avant que

On change de date pour que tout le monde soit présent.
みんなが出席できるように, 日にちを変えよう.

④ 主節の動詞が否定・疑問で従属節の内容が不確実のとき：ne pas croire que

Je ne crois pas qu'il puisse aider son frère.　彼に兄弟の手助けができるとは思わない.

⑤ 先行詞の人, 物がまだ存在していない場合, その存在が不確実なとき：関係代名詞の後で

Ils cherchent une maison qui soit au bord de la mer.　彼らは海辺にある家を探しています.

⑥ 独立節 (命令・祈願を表すとき)

Que nos amis dorment chez nous quand ils le souhaitent.
友達には望むときに, 私たちの家に泊まってほしい.

> ⑤以外, que の後に接続法動詞が置かれている. だが, que に導かれる節で動詞がすべて接続法になるわけではないので注意.

§2 時刻 420

Leçon 7の非人称表現の項で学んだように, 時刻は〈Il est ～ heure(s).〉の形で表現する.

Il est une heure.　Il est deux heures.　（2時以降は heure に s がつく）

▶「～分」の部分は, 表現の仕方が多様なので注意する.

　　a.「～分すぎです」　　Il est ～ heure(s)＋数詞.

　　b.「～分前です」　　Il est ～ heure(s)＋moins＋数詞.

　　c.「15分すぎです」　　Il est ～ heure(s)＋et quart.

　　d.「15分前です」　　Il est ～ heure(s)＋moins le quart.

　　e.「～時半です」　　Il est ～ heure(s)＋et demie.

Escapades!

④21 ▶「午前の, 午後の, 夜の」は, 次のように表す.

Il est neuf heures du matin.　Il est une heure de l'après-midi.　Il est six heures du soir.
　朝9時です.　　　　　　　　　　午後1時です.　　　　　　　　　　夕方6時です.

▶交通機関の発着時間などを示すには24時制を使い, この場合「～分」はすべて数字で表す.

Le train arrive à 19 h 45.　[dix-neuf heures quarante-cinq]　電車は19時45分に到着します.

▶時刻につく前置詞には, 次のようなものがある.

Je pars à huit heures.　Elle se couche vers minuit.　Il ne reviendra pas avant midi.
8時に発ちます.　　　　彼女は午前零時頃寝ます.　　　　彼は正午までに戻らないでしょう.

Tu viens après six heures ?　Ils ont travaillé jusqu'à onze heures.
きみは6時以降来るの?　　　　　彼らは11時まで働きました.

§3　否定表現

否定文ne...pasのpasを別の語に置き換えると, さまざまな否定表現を作ることができる.　④22

- a.「もはや～ない」　Il n'est plus jeune.　彼はもう若くないです.
- b.「決して～ない」　Elle ne sera jamais contente.　彼女は決して満足しないでしょう.
- c.「ほとんど～ない」　Mon chien n'aboie guère.　うちの犬はほとんど吠えません.
- d.「しか～ない」　Il n'y a que du pain.　パンしかない.　▶内容的には肯定なので, 否定のdeは使わない.
- e.「何も～ない」　Je ne sais rien.　何にも知りません.
- f.「誰も～ない」　Je ne connais personne ici.　ここでは誰も知りません.
- g.「～も～も～ない」　Elle ne parle ni japonais ni français.　彼女は日本語もフランス語も話せません.

§4　文法:「法」

「法mode」とは, 発話内容に対する話し手の心的態度に応じた動詞の諸形態のことである.　④23

「法mode」の種類	主にどんな時に使われるか
直説法 mode indicatif	客観的な事象を表したいとき
条件法 mode conditionnel	非現実の状況を仮定して「こうなるかもしれない」と想像するとき
接続法 mode subjonctif	願望・感情・不確実など, 主観的な事柄を表現したいとき
命令法 mode impératif	命令や希望を表現したいとき

§5　人称代名詞が同時に2つ用いられる時の語順　④24

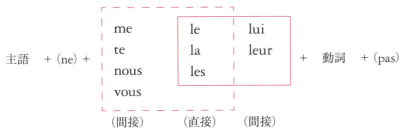

④25
Je vous donne ces fleurs. → Je vous les donne.　あなたに花を贈ります. → あなたにそれを贈ります.
Elle ne prête pas sa voiture à son frère. → Elle ne la lui prête pas.　彼女は兄に車を貸しません.
　　　　　　　　　　　　　　　　　　　　　　　　　　　　　　　　　→ 彼女は彼にそれを貸しません.

▶肯定命令の場合: 動詞－直接目的－間接目的　　*me → moi, te → toi

Montrez-moi* ces photos. → Montrez-les-moi.*　それらの写真を見せて下さい. → それらを見せて下さい.

soixante-dix-sept　77

Appendice 2

▶中性代名詞は y, en の順番になる. 人称代名詞と併用する場合は, その後に並ぶ.

Il y a de l'eau dans la carafe ? — Oui, il y en a encore.　カラフに水は入っていますか?— はい. まだあります.

§6　代名動詞の直説法複合過去

代名動詞は常にêtreを要求する. 過去分詞は再帰代名詞に性数一致する.（ただし, 再帰代名詞が間接目的語の場合は一致しない.）

se coucher `426`

je	me	suis	couché(e)	nous	nous	sommes	couché(e)s
tu	t'	es	couché(e)	vous	vous	êtes	couché(e)(s)
il	s'	est	couché	ils	se	sont	couchés
elle	s'	est	couchée	elles	se	sont	couchées

`427`　［否定形］　Je ne me suis pas couché(e).　寝なかったです.

　　　　［疑問形］　Vous êtes-vous couché(e)(s) ?　寝ましたか?

　　　　　　Les enfants se sont couchés tôt.　子どもたちは早い時間に寝ました.
　　　　　　Elle s'est moquée de Paul.　彼女はポールをばかにしています.
　　　　　　Elle s'est lavé les mains. (cf. Elle s'est lavée.)　彼女は手を洗いました.（彼女は体を洗いました.）

§7　直説法大過去

regarder `428`

j'	avais regardé	nous	avions	regardé
tu	avais regardé	vous	aviez	regardé
il	avait regardé	ils	avaient	regardé

aller `429`

j'	étais allé(e)	nous	étions	allé(e)s
tu	étais allé(e)	vous	étiez	allé(e)(s)
il	était allé	ils	étaient allés
elle	était allée	elles	étaient allées

☞ 助動詞の使い分けは Leçon 7 を参照

［構文］　助動詞（avoir / être）の半過去 ＋ 過去分詞

［用法］

過去のある時点を基準として, そのときすでに完了している動作・状態をあらわす.

`430`　À huit heures du soir, ils avaient fini leurs devoirs.　夜8時に, 彼らは宿題を終わらせていました.

　　Quand nous sommes arrivés à la gare, le train était déjà parti.　私たちが駅に着いたとき, 電車はすでに発車していました.

§8　直説法前未来

［構文］助動詞（avoir / être）の単純未来 ＋ 過去分詞

finir `431`

j'	aurai fini	nous	aurons	fini
tu	auras fini	vous	aurez	fini
il	aura fini	ils	auront	fini

`432`

finir の前未来
　j'aurai fini, tu auras fini,
　il aura fini, elle aura fini, ...
partir の前未来
　je serai parti(e), tu seras parti(e),
　il sera parti, elle sera parti(e), ...

［用法］未来のある時点に完了するであろう事柄を表す.

`433`　J'aurai fini ce travail dans une semaine.　1週間後にはこの仕事を終わらせているだろう.

78　soixante-dix-huit

§9　条件法過去

[構文] 助動詞（avoir / être）の条件法現在 ＋ 過去分詞

助動詞の選択や過去分詞の性数一致は, 複合過去のルールと同じ.

chanter 434

j'	aurais chanté	nous	aurions chanté
tu	aurais chanté	vous	auriez chanté
il	aurait chanté	ils	auraient chanté

aller 435

je	serais allé(e)	nous	serions allé(e)s
tu	serais allé(e)	vous	seriez allé(e)(s)
il	serait allé	ils	seraient allés
elle	serait allée	elles	seraient allées

[用法] 436

① 現在の事実に反する仮定のもとに, 起こり得る結果を推測して述べる.

S'il *avait fait* beau, je serais sortie. 　天気がよかったならば, 外出しただろうに.

> 注意 仮定節には, 直説法大過去を用いる.

② 語調緩和, 推測, 遺憾など.

D'après le journal, le tremblement de terre aurait détruit une centaine de maisons.
新聞によると, 地震で百戸もの家屋が倒壊したようだ.

③ 過去における未来完了を表す.（☞ Appendice 2 直接話法から間接話法へ）

Elle m'a dit qu'elle serait rentrée avant minuit. 　彼女は深夜前に帰宅するだろうと私に言いました.

§10　接続法過去

[構文] 助動詞（avoir / être）の接続法現在 ＋ 過去分詞

[用法] 助動詞の選択や過去分詞の性数一致は, 複合過去のルールと同じ. 主節の動詞よりも以前に行われた行為を表す.

chanter 437

j'	aie chanté	nous	ayons chanté
tu	aies chanté	vous	ayez chanté
il	ait chanté	ils	aient chanté

aller 438

je	sois allé(e)	nous	soyons allé(e)s
tu	sois allé(e)	vous	soyez allé(e)(s)
il	soit allé	ils	soient allés
elle	soit allée	elles	soient allées

439 Je suis heureux qu'elle soit rentrée à Tokyo. 　彼女が東京に帰って私は嬉しいです.

§11　虚辞の ne

否定の意味を持たない ne を虚辞の ne と呼ぶ. 接続法とともに使われることが多い. 一般に書き言葉で使われる.

440 J'ai peur qu'il ne *fasse* mauvais ce week-end. （不安・危惧を示す動詞とともに）
今週末天気が悪くなるのではないか心配です.

Il faut lui téléphoner avant qu'elle ne *parte*. （avant que の後）
彼女が出発する前に電話しなければなりません.

soixante-dix-neuf　79

Appendice 2

§12　指示代名詞

(1) 性数変化のない指示代名詞（ce, ceci, cela, ça）441

ce は être の主語として，c'est 〜，ce sont 〜の形で使われるほか（☞ Leçon 1），関係代名詞の先行詞にもなる（☞ Leçon 12）. ceci と cela は主語だけでなく，さまざまな文の要素として用いられ，併用される場合は ceci が「これ」，cela が「あれ」を指す. cela は単独でもよく使われる. ça は cela の代わりに日常会話で多用される. 慣用表現にも注意する.

Ceci est plus joli que cela.　C'est cela (ça).　Ça va comme ça ?　Ça y est.

(2) 性数変化のある指示代名詞 442

男性単数	女性単数	男性複数	女性複数
celui	celle	ceux	celles

443　① 既出の名詞の代わりに用いられる. 一般に〈de ＋ 名詞〉，または関係代名詞を伴う.

Voici mon dictionnaire et celui de Paul.　私の辞書とポールのです.

② 受ける既出の名詞がない場合は，「〜するところの人（たち）」の意味になる.

Ceux qui vivent, ce sont ceux qui luttent. (Hugo, *Les Châtiments*)
生きる人々というのは戦っている人々です.（ユゴー『懲罰詩集』）

③ 〈-ci / -là〉をつけて，遠近を区別することがある.

Regardez ces maisons : préférez-vous celle-ci ou celle-là ?
こちらの家を見て下さい. こっちの方が好きですか？それともあっちの方が好きですか?

§13　所有代名詞

英語の mine, yours, his, hers, ... に相当する.「〜のもの」

所有されるもの

444

所有者	男性単数	女性単数	男性複数	女性複数
je	le mien	la mienne	les miens	les miennes
tu	le tien	la tienne	les tiens	les tiennes
il / elle	le sien	la sienne	les siens	les siennes
nous	le nôtre*	la nôtre*	les nôtres*	
vous	le vôtre*	la vôtre*	les vôtres*	
ils / elles	le leur	la leur	les leurs	

*o の上のアクサン・シルコンフレクス（ˆ）に注意.

［用法］ 445

すでに出ている名詞を受ける.〈所有形容詞＋名詞〉に代わり，「〜のもの」を表す.

Voici mon sac et voilà le tien (= ton sac).

Voici mes sacs et voilà les tiens (= tes sacs).
ここに私のバッグがあり，あそこにあなたのバッグがある.

C'est ton sac ?　　　　　　　　 — Oui, c'est le mien (= mon sac).
これはあなたのバッグですか？　　　 — はい，これは私のバッグです.

80　quatre-vingts

§14　直接話法から間接話法へ 446

直接話法の文を間接話法の文にする際には, さまざまな言い換えが必要になる. とりわけ, 主節の動詞が過去の場合は**時制の一致**に注意する. 従属節中の現在は**直説法半過去**, 過去は**直説法大過去**, 未来は**条件法現在**になる.

Elle m'a dit : « J'en ai assez. »
彼女は私に言いました.「もうたくさんだわ.」
→ Elle m'a dit qu'elle en *avait* assez.
彼女はもうたくさんだと私に言いました.

Elle m'a dit : « J'ai échoué à l'examen. »
彼女は私に言いました.「試験ですべったわ.」
→ Elle m'a dit qu'elle *avait échoué* à l'examen.
彼女は試験にすべったと私に言いました.

Elle m'a dit : « Ce sera sans moi. »
彼女は私に言いました.「私は行けないわ.」
→ Elle m'a dit que ce *serait* sans elle.
彼女は行けないと私に言いました.

> **注意**　時や場所を表す若干の副詞も変化する. 447
>
> aujourd'hui → ce jour-là,　demain → le lendemain,　hier → la veille,　ici → là など
> 　今日　　　　　その日　　　明日　　　　翌日　　　昨日　　　前日　　ここ　そこ
> Elle m'a dit : « Je n'y serai pas demain. » → Elle m'a dit qu'elle n'y serait pas le lendemain.　彼女は私に言いました.「明日はそこにいません.」→ 彼女は翌日そこにはいないだろうと私に言いました.

▶ 疑問文では, 疑問詞をそのまま使う場合と, si, ce qui, ce queを使う場合に分かれる. 448

Elle m'a demandé : « Où vont-ils ? »
彼女は私に聞きました.「彼らはどこに行くのですか?」
→ Elle m'a demandé *où ils allaient*.
彼らはどこに行くのかと彼女は私に聞きました.

Elle m'a demandé : « Tu as pleuré hier ? »
彼女は私に聞きました.「昨日泣いたの?」
→ Elle m'a demandé *si j'avais pleuré la veille*.
前日, 私が泣いていたかどうか, 彼女は私に聞きました.

Elle m'a demandé : « Qu'est-ce qui se passe ? »
彼女は私に聞きました.「何が起きたの?」
→ Elle m'a demandé *ce qui se passait*.
何が起きたのかと彼女は私に聞きました.

Elle m'a demandé : « Qu'est-ce que tu as ? »
彼女は私に聞きました.「どうしたの?」
→ Elle m'a demandé *ce que j'avais*.
彼女は私にどうしたのかと聞きました.

▶ 命令文では, de + 不定詞を用いる. 449

Elle m'a dit : « Reviens le plus vite possible.»
彼女は私に言いました.「できるだけ早く戻ってきて.」
→ Elle m'a dit *de* revenir le plus vite possible.
彼女は私に, できるだけ早く戻ってくるように言いました.

Elle m'a dit : « Ne fumez pas ! »
彼女は私に言いました.「煙草を吸わないで下さい.」
→ Elle m'a dit *de* ne pas fumer.
私は彼女に, 煙草を吸わないようにと言いました.

quatre-vingt-un　81

Appendice 2

§15 単純過去

活用語尾にはa型, i型, u型の3種類がある. 不定詞が-erで終わる動詞はa型, 第2群規則動詞はi型に活用する. 語幹は過去分詞から作るものが多い. 歴史や物語の記述に使われる書き言葉で, 過去において完了した行為や状態を, 現在とはつながりのない過去の一時点のこととして表す.

chanter 450

je chant**ai**	nous chant**âmes**
tu chant**as**	vous chant**âtes**
il chant**a**	ils chant**èrent**

finir 451

je fin**is**	nous fin**îmes**
tu fin**is**	vous fin**îtes**
il fin**it**	ils fin**irent**

avoir 452

j' **eus**	nous **eûmes**
tu **eus**	vous **eûtes**
il **eut**	ils **eurent**

être 453

je **fus**	nous **fûmes**
tu **fus**	vous **fûtes**
il **fut**	ils **furent**

▶ venir, tenirなどの活用語尾は, i → inになる.

venir → je vins, tu vins, il vint, nous vînmes, vous vîntes, ils vinrent 454

Rastignac *alla* dîner chez Mme de Nucingen. (Balzac, *Le Père Goriot*) 455
ラスティニャックはニュシンゲン夫人宅へ夕食に出かけた.（バルザック『ペール・ゴリオ』）

Mme de Rênal *fut* fidèle à sa promesse. Elle ne *chercha* en aucune manière à attenter à sa vie ; mais trois jours après Julien, elle *mourut* en embrassant ses enfants. (Stendhal, *Le Rouge et le Noir*)
レナール夫人は誓いを守った. 決して自らの命を絶とうとはしなかった. しかしジュリアンの死後3日目に, 彼女は子どもたちに別れを告げて, 死去した.（スタンダール『赤と黒』）

📖 アンジェ Angers

フランス西部, ユネスコ世界文化遺産に登録されたロワール渓谷は, 点在する古城で知られています. 風光明媚なこの地方に, アンジェという町があります.

11世紀に築かれた城塞には美術館があり, 所蔵品の「黙示録のタピスリー」は, ヨハネの黙示録をもとにした14世紀のタピスリーで, 縦5m, 長さ107mに及び, 世界最大級です. 現存する最古のタピスリーと言われています.

アンジェは歴史ある町並みで, 学生, 留学生が多く, 活気があります. 近郊に見所が多く, 夏にはピュイ・ド・フー Puy du fou のショーが必見でしょう. 日没後の湖畔を舞台に, 百人もの出演者がフランスの歴史をアクション, 音楽, 照明, 花火, プロジェクトマッピングを使ってスペクタクルを繰り広げます. 近年世界のテーマパークNo.1に選ばれているとか. また, ブリサック城内の大マルシェ・ド・ノエル（クリスマス・マーケット）は世界的に有名です.

カルメン Carmen 456

世界でもっとも人気のあるオペラのひとつ『カルメン』は，自由を求め一切の束縛を拒むジプシー女カルメンと，その魅力の虜になり破滅する純情な竜騎兵伍長ドン・ホセの情熱と死の物語．プロスペル・メリメ Prosper Mérimée が1845年に発表した小説がもとになっています．
名曲ぞろいのこのオペラのなかでも特に有名な「ハバネラ」では，枠にはめられるのを嫌い，すべて意のままに行動する自由な女カルメンの性格がよくあらわれています．

♪「ハバネラ」より

L'amour est enfant de Bohême,
Il n'a jamais, jamais connu de loi ;
Si tu ne m'aimes pas, je t'aime,
Si je t'aime, prends garde à toi !

恋はジプシーの子供，
掟なんて知るものか，
惚れてくれなくてもこちらは惚れる，
私に惚れられたら，用心しな！

美味の追求（ブリア゠サヴァラン） 457

Dis-moi ce que tu manges, je te dirai ce que tu es. (Brillat-Savarin : *La Physiologie du goût*)
「どんなものを食べているか言ってみたまえ．君がどんな人であるかを言いあててみせよう．」
こう述べたのは，フランスの食通として世界的に有名なブリア゠サヴァラン（1755～1826）．彼は法律家・弁護士でしたが，その著書『美味礼賛』で食事を学問として扱い，科学的かつ歴史的に論述しました（原題は『味覚の生理学』）．ブリア゠サヴァランは食事という行為を人間の文化的な営みととらえ，この本の冒頭に20の格言を掲げています．
　2．禽獣は喰らい，人間は食べる．教養ある人にして初めて食べ方を知る．
　(II. Les animaux se repaissent; l'homme mange; l'homme d'esprit seul sait manger.)
さらには，単なる美味の追求を越え，人と食事を共にすることの喜びを美食の究極に位置づけます．
　20．だれかを食事に招くということは，その人が自分の家にいる間じゅうその幸福を引き受けるということである．(XX. Convier quelqu'un, c'est se charger de son bonheur pendant tout le temps qu'il est sous notre toit.)

歴史上の人物

下に挙げる歴史上の人物を知っていますか？ 458

Louis XIV
(1638-1715)

L'État, c'est moi.

S'ils n'ont pas de pain, qu'ils mangent de la brioche.

Marie-Antoinette
(1755-1793)

Impossible n'est pas français.

Napoléon Bonaparte
(1769-1821)

quatre-vingt-trois 83

Appendice 2

La France de la diversité 459

Historiquement, la France a toujours été un pays ouvert à l'immigration. Si l'on remonte le temps, tous les Français ont des origines étrangères très mélangées. Mais c'est surtout dans la seconde moitié du XIXe siècle, avec la révolution industrielle, que l'immigration prend son essor. Se succéderont ensuite, au XXe siècle puis au XXIe siècle, de nombreuses vagues d'immigration liées à des persécutions, des guerres, des conditions socio-politiques ou économiques défavorables, qui poussent les habitants de divers pays à fuir vers la France. L'histoire coloniale de la France fait que des liens forts se sont créés avec de nombreux pays aujourd'hui devenus indépendants mais restés francophones, particulièrement en Afrique mais aussi en Asie et ailleurs.

Aujourd'hui, 21 % de la population française est, soit née à l'étranger, soit née d'au moins un parent immigré (chiffre de l'INSEE 2019-2020)*.

Une telle diversité est un facteur d'interculturalité majeur. Autour du concept commun de nation et de République, les apports de différentes cultures sont nombreux dans le pays : religions, langues (400 langues coexistent en France), coutumes, cuisine, musique, styles et rythmes de vie, etc.

La France, surtout dans les grands centres urbains, est une mosaïque à laquelle chacun contribue. L'école est le point de cohésion central. En effet, les enfants de toutes origines sont éduqués ensemble, en français, de la maternelle à l'université et, arrivés à l'âge adulte, travaillent côte à côte et fondent bien souvent des familles mixtes.

(*) INSEE : Institut National de la Statistique et des Études économiques

Sources et références :
https://www.observationsociete.fr/population/immigres-et-etrangers/combien-comptons-nous-dancetres-immigres/
https://www.insee.fr/fr/statistiques/3633212
https://www.histoire-immigration.fr/societe-et-immigration/qu-est-ce-que-la-diversite
https://arc-interculturalité.com/tout-ce-que-vous-devez-savoir-sur-la-diversite-en-france/

📕 フランスの多様性

　歴史的にフランスは常に移民を受け入れてきました．過去にさかのぼれば，フランス人はみな外国人との混血です．しかし，移民が本格的に始まったのは，特に19世紀後半，産業革命の時代でした．20世紀から21世紀にかけては，迫害，戦争，社会的・政治的，経済的な不利な条件によって移民が続出して，様々な国の住民たちはフランスへの移住を余儀なくされました．フランスの植民地支配の歴史の結果，特にアフリカをはじめアジアやその他の国々で，現在は独立しながらもフランス語を話す多くの国々と強い結びつきが築かれてきました．

　現在，フランスの人口の21％が，外国で生まれたか，少なくとも両親のどちらかが移民です（INSEEの2019～2020年の数字）*．

　このような多様性は，異文化間における大きな要因です．国家と共和国という共通の概念に関しては，地域，言語（フランスには400の言語が共存しています），習慣，料理，音楽，生活のスタイルやリズムなど，さまざまな文化が存在します．

　フランス，特に大都市中心部では寄せ集めのモザイクとなっていて，それぞれがこの一部なのです．学校はその結束の中心になります．あらゆる出自の子供たちが保育園から大学まで，フランス語で一緒に教育を受け，大人になっても肩を並べて働き，しばしば混血家族を形成します．

*INSEE：国立統計経済研究所

📕 モネの積みわら

モネの最初の連作．構図を少しずつ変えながら，同じ主題を何度も描き出しています．
この作品は，後に抽象絵画の創始者となるカンディンスキーに衝撃を与えました．

1889　積みわら，ジヴェルニー，午前

1891　積みわら，冬の効果

quatre-vingt-cinq　85

Annexe : Activités

Q&A　自己紹介しましょう.
Présentez-vous ! ♫

1　質問を聞き取り（書き取り）ましょう.　*Compréhension orale : dictée : questions.*　460 〜 473

2　答えの例文を聞き取り（書き取り）ましょう.　*Compréhension orale : dictée : réponses.*　474 〜 487

3　あなた自身のことを答えましょう.　*Répondez aux questions suivantes*

Q 460　A 474
(1) **Vous vous appelez comment ?**　　　　　　　　　(Leçon 1 & 5 名前 s'appeler)

Q 461　A 475
(2) **Vous êtes d'où ?**　　　　　　　　　　　　　　(Leçon 2 出身 être de ~)

Q 462　A 476
(3) **Qu'est-ce que vous faites dans la vie ?**　　　　　(Leçon 2 職業 être)

Q 463　A 477
(4) **De quelle nationalité êtes-vous ?**　　　　　　　(Leçon 2 国籍 être)

Q 464　A 478
(5) **Vous avez quel âge ?**　　　　　　　　　　　　(Leçon 3 年齢 avoir)

Q 465　A 479
(6) **Vous avez des frères et sœurs ?**　　　　　　　　(Leçon 3 兄弟 avoir)

Q 466　A 480
(7) **Où est-ce que vous habitez ?**　　　　　　　　　(Leçon 4 住所 habiter à ~)

Q 467　A 481
(8) **Qu'est-ce que vous étudiez ?**　　　　　　　　　(Leçon 4 専攻 étudier)

Q 468　A 482
(9) **Quelles langues parlez-vous ?**　　　　　　　　(Leçon 4 言語 parler)

Q 469　A 483
(10) **Qu'est-ce que vous aimez bien ?**　　　　　　　(Leçon 4 嗜好 aimer bien)

Q 470　A 484
(11) **Qu'est-ce que vous n'aimez pas beaucoup ?**　　(Leçon 4 嗜好 n'aimer pas beaucoup)

Q 471　A 485
(12) **Qu'est-ce que vous prenez au petit déjeuner ?**　(Leçon 4 朝食 prendre)

Q 472　A 486
(13) **Votre anniversaire, c'est quand ?**　　　　　　　(Leçon 6 誕生日 c'est le ~)

Q 473　A 487
(14) **En général, qu'est-ce que vous faites le week-end ?**　(Leçon 10 習慣 faire, etc.)

Escapades!

MINI-DIALOGUES　ミニ・ディアローグ

各課の dialogue と activités に出てくる表現を使って，短い会話をしましょう．このページを伏せて，聞き取りや書き取りの練習に使うこともできます．

音声は男性と女性の声です．
H = voix d'homme　男の声，F = voix de femme　女性の声

Leçon 1

488　1　H : Bonjour, Madame, comment allez-vous ?
　　　　F : Très bien, merci.

489　2　F : Bonjour, Charles, comment allez-vous ?
　　　　H : Très bien, merci. Et vous ?
　　　　F : Très bien, merci.

490　3　F : Alain ! Salut ! Ça va ?
　　　　H : Ah ! Claire ! Salut ! Ça va, et toi ?
　　　　F : Très, très bien.

491　4　H : Au revoir, Madame.
　　　　F : Au revoir, Monsieur.

492　5　F : C'est Élise, une amie, et Farid, un voisin.
　　　　H : Bonjour, Élise.
　　　　F : Bonjour Farid.

Leçon 2

493　1　H : Tu es étudiante ?
　　　　F : Oui, je suis étudiante. Et toi ?
　　　　H : Je suis employé.

494　2　F : Tu es de Paris ?
　　　　H : Non, je ne suis pas de Paris, je suis de Genève.
　　　　H : Tu es française ?

quatre-vingt-sept　87

Annexe : Activités

F : Non, je ne suis pas française, je suis suisse.

495 3   F : Moi, je suis japonaise.

           Je suis de Tokyo.

           Je suis étudiante.

           Je suis grande.

496 4   H : Moi, je suis japonais.

           Je suis d'Ibaraki.

           Je suis étudiant.

           Je suis petit, gentil, dynamique et sympathique !

Leçon 3

497 1   H : Quel âge as-tu ?

          F : J'ai 19 ans, et toi ?

          H : J'ai 20 ans.

498 2   F : Tu as une voiture ?

          H : Oui, j'ai une voiture. Et toi ?

          F : Non, je n'ai pas de voiture... mais j'ai un vélo !

499 3   F : Quels sont vos loisirs ?

          H : La danse, le cinéma. Et vous ? Quels sont vos loisirs ?

          F : Le théâtre, les voyages.

500 4   *(Numéros de téléphone)*

          H : Tu as un numéro de portable ?

          F : Oui, c'est le 090 1234 5678.   *(portable japonais)*

501 5   *(Numéros de téléphone)*

          F : Vous avez un numéro de téléphone ?

          H : Oui, j'ai un portable, c'est le 06 22 33 44 55. *(portable français)*

502 6   *(Numéros de téléphone)*

          H : Claire, tu as un numéro de téléphone ?

          F : Oui, c'est le 03 3237 2592.   *(N° de téléphone à Tokyo)*

Escapades!

503 7 (*Numéros de téléphone*)

    F : Farid, tu as un numéro de téléphone ?

    H : Oui, c'est le 01 98 76 54 32.   (*N° de téléphone en région parisienne*)

504 8 H : Tu as une voiture ?

    F : Non, je n'ai pas de voiture.

    H : Tu as un appareil photo numérique ?

    F : Non, je n'ai pas d'appareil photo numérique !

    H : Oh, là, là !

Leçon 4

505 1 H : Bonjour, Madame.

    F : Bonjour.

    H : Qu'est-ce que vous désirez ?

    F : Un café, s'il vous plaît.

    H : Un café ? Très bien !

506 2 F : Bonjour, Monsieur !

    H : Bonjour.

    F : Vous désirez ?

    H : Une salade et un thé, s'il vous plaît.

    F : Une salade et un thé, très bien, Monsieur.

507 3 H : Tu aimes la musique classique ?

    F : Oui, j'adore la musique classique ! Et toi ?

    H : Moi aussi.

508 4 H : Qu'est-ce que tu aimes ?

    F : J'aime la musique et le cinéma. Et toi ?

    H : J'aime bien le sport, le théâtre... et j'adore le chocolat !

Leçon 5

509 1 F : Voici le parc Astérix.

    H : Il y a des montagnes russes, j'espère ?

    F : Oui, bien sûr !

quatre-vingt-neuf 89

Annexe : Activités

510 2   F : « Les aventures d'Astérix », c'est ma BD préférée.

H : Moi, j'aime toutes les BD.

511 3   H : Qu'est-ce que tu portes ?

F : Je porte une jupe rouge et un pull blanc. Et toi ?

H : Je porte un pantalon gris, une chemise blanche et une cravate bleue.

512 4   F : Tu as une écharpe verte ?

H : Non, j'ai une écharpe rose.

F : Tu as une montre et des lunettes ?

H : Oui, j'ai une montre et des lunettes.

Leçon 6

513 1   F : Je vais au Maroc du 10 au 20 juillet. Tu viens avec moi ?

H : Oui. C'est une bonne idée.

514 2   *(au téléphone)*

F : Allô ?

H : Allô ! Bonjour, c'est moi !

F : Bonjour ! Tu es où ? À Nice ?

H : Non, je suis au Maroc !

515 3   H : On ne va pas à Nice, toi et moi ?

F : Si, je vais à Nice après le Maroc.

H : D'accord.

516 4   H : Je vais en France du 10 au 20 juillet.
        Tu viens avec moi ?

F : Non, moi, je vais en Suisse.

517 5   F : Tu vas à Paris en train ?

H : Non, en avion.

Leçon 7

518 1   F : Bonjour. Le prochain train pour Genève est à quelle heure, s'il vous plaît ?

90   quatre-vingt-dix

Escapades!

H : Il est à 11 heures 23, Madame.

519 2   H : Bonjour. Le prochain TGV pour Paris part à quelle heure, s'il vous plaît ?
     F : Le TGV part à 17 heures 30, Monsieur.

520 3   F : Pardon, Monsieur, il est possible de fumer ici ?
     H : Non, il est interdit de fumer ici, Madame.
     F : Ah, d'accord.

521 4   H : De Genève, il faut combien de temps pour arriver à Paris ?
     F : Il faut 4 heures environ.

Leçon 8

522 1   H : Vous avez voyagé en juillet ?
     F : Oui, nous sommes allés au Maroc.
     H : Qu'est-ce que vous avez fait au Maroc ?
     F : Nous avons rencontré la famille de Farid.

523 2   H : Qu'est-ce que tu as fait, pendant les vacances ?
     F : Je suis partie au bord de la mer, j'ai voyagé.
     H : Super !

524 3   H : Est-ce que Yokohama est plus belle que Tokyo ?
     F : Non, mais Yokohama est aussi belle que Tokyo !

Leçon 9

525 1   H : Qu'est-ce que tu offres à Caroline ?
     F : Je lui offre un roman. Et toi ?
     H : Moi, je lui offre un foulard.

526 2   F : Qu'est-ce que tu offres à ta mère ?
     H : Je lui offre un DVD.
     F : Qu'est-ce que tu offres à ton père ?
     H : Je lui offre des chocolats.
     F : Hummm ! Trop bon !

quatre-vingt-onze   91

Annexe : Activités

527 3   H : Tu me donnes ce gâteau ?

          F : Oui, voilà.

          H : Merci !

528 4   F : Tu as des pommes ?

          H : Oui, j'en ai un kilo.

          F : Et tu as des poires ?

          H : Oui, j'en ai 500 grammes.

529 5   F : Il y a encore de l'eau ?

          H : Oui, il y en a encore.

          F : Et du vin ?

          H : Non, il n'y en a plus.

Leçon 10

530 1   F : Tu te lèves à quelle heure le matin ?

          H : Je me lève vers huit heures. Et toi ?

          F : En général, je me lève vers sept heures.

531 2   H : Tu t'appelles comment ?

          F : Je m'appelle Élise, et toi ?

          H : Je m'appelle Simon.

532 3   F : Tu te douches le matin ?

          H : Oui, je me douche tous les matins. Et toi ?

          F : Moi, je prends un bain le soir.

533 4   F : Qu'est-ce que vous faites le dimanche ?

          H : Je me promène avec mon chien, je me repose.

534 5   H : Vous vous couchez à quelle heure le soir ?

          F : En général, je me couche vers minuit. Et vous ?

          H : Moi, je me couche vers onze heures.

535 6   F : Tu te lèves à quelle heure ?

          H : Je me lève à huit heures et demie. Et toi ?

Escapades!

F : Je me lève à deux heures de l'après-midi.

H : Oh, là, là, c'est tard !

Leçon 11

536 1 H : Tu ne fumes pas ?

F : Non, mais, avant, je fumais.

537 2 F : Ta mère était comédienne ?

H : Oui, et mon père chantait. Il était ténor.

Leçon 12

538 1 H : Qu'est-ce que c'est, ce CD ?

F : C'est le CD dont je t'ai parlé !

H : Ah, d'accord !

539 2 F : Qu'est-ce que c'est, cette photo ?

H : C'est la photo dont je t'ai parlé.

F : Ah, oui !

540 3 H : Tu aimes les fleurs que je t'ai données ?

F : Oh, oui, je les aime beaucoup !

541 4 H : Les pays où je suis allé sont la France et la Finlande. Et toi ?

F : Moi, les pays où je suis allée sont le Japon et la Suisse.

Leçon 13

542 1 F : Je serai occupée l'année prochaine.

H : Pourquoi ?

F : Parce que j'irai au Japon.

543 2 H : J'irai à Paris. J'y resterai un an. J'aurai un appartement.

F : Tu me raconteras.

H : Oui. Mon travail sera plus intéressant que maintenant, je crois.

quatre-vingt-treize 93

Annexe : Activités

Leçon 14

544   1   H : On devrait acheter une maison à la campagne. Ça te plairait ?

         F : Oh, oui ! Ça me plairait beaucoup ! J'habiterais volontiers en province, moi.

545   2   H : Où aimerais-tu aller en vacances ?

         F : J'aimerais bien aller au bord de la mer.

546   3   H : Je voudrais un café.

         F : Moi, je voudrais un thé, s'il vous plaît.

547   4   H : Pourriez-vous parler plus lentement ?

         F : D'accord. J'ai dit : «D'après le journal, il y aurait une grève de la SNCF à Noël.»

Supplément

548   1   F : Il faut que vous veniez à la fête !

         H : Merci !

549   2   F : Ça nous ferait plaisir que vous veniez passer le week-end avec nous en Normandie.

         H : Merci, on pourrait y aller en voiture.

         F : Nous vous attendons avec impatience.

550   3   F : Je souhaite que beaucoup d'amis viennent pour mon anniversaire.

         H : Moi, ce sera avec plaisir !

単語集　Lexique

復習用に単語集を掲載しますが，学習に際しては，辞書を引いて意味を調べましょう．この単語集には，テキストに出てくる単語と言い回しがアルファベ順に並んでいます（Appendice, 動詞活用表は除く）．動詞の活用形は，avoir, être, aller, venir の現在形と，さらに文法説明，練習問題に出ている過去分詞と，若干の動詞活用形のみを掲載しています．

凡例

[名男] 男性名詞　　　　[名女] 女性名詞　　　[代] 代名詞　　　　[固有] 固有名詞

[固有男] 男性固有名詞　[固有女] 女性固有名詞

[動] 動詞（直＝直説法，命＝命令法，条＝条件法，接＝接続法，過分＝過去分詞，現分＝現在分詞）

[代動] 代名動詞　　　　[形] 形容詞　　　　　[副] 副詞　　　　[前] 前置詞

[接] 接続詞　　　　　　[間] 間投詞　　　　[不定冠詞] 不定冠詞　[定冠詞] 定冠詞

A

a	[動·活用·直現]	→ avoir
à	[前]	～に，へ，入りの近いうちに！
À bientôt !		近いうちに！
à cette époque		当時
à côté de ~		～の横に
à demain		また明日ね
à l'étage		上の階に
à l'heure		時間通り
À la semaine prochaine !		また来週！
à pied		徒歩で
à propos		ところで
à quelle heure		何時に？
à vélo		自転車で
à votre place		もしあなたの立場なら
absent	[形]	欠席している
absolument	[副]	絶対に
accepter	[動]	承諾する，受ける
accueilli	[動·過分]	迎えられる
accueillir	[動]	迎える
acheter	[動]	買う
acteur / actrice	[名男/名女]	映画俳優
activité	[名·女]	活動
adoré	[動·過分]	→ adorer
adorer	[動]	大好きだ
adresse e-mail	[名女]	メールアドレス

Afrique	[固有女]	アフリカ
Afrique du Nord	[固有女]	北アフリカ
âge	[名男]	年齢
âgé	[形]	年をとった
agréable	[形]	快適な
ah		あっ
ai	[動·活用·直現]	→ avoir
aider	[動]	手伝う
aimé	[動·過分]	→ aimer
aimer	[動]	好き
air	[名男]	様子，空気
Alain	[固有]	アラン（男性の名）
Alex	[固有]	アレックス（男性の名）
allé	[動·過分]	→ aller
Allemagne	[固有女]	ドイツ
Allemand	[名]	ドイツ人
allemand	[形]	ドイツの
allemand	[名男]	ドイツ語
aller	[動]	行く
aller-retour	[名男]	往復切符
aller-simple	[名男]	片道切符
allez	[動·活用·直現]	→ aller
allô		もしもし（電話で）
allons	[動·活用·直現]	→ aller
allumer	[動]	（火を）つける
alors	[副]	それじゃあ，それで

quatre-vingt-quinze　95

Lexique

Amalia	[固有]	アマリア（女性の名）
Américain	[名]	アメリカ人
américain	[形]	アメリカの
ami	[名男]	友達（男）
amie	[名女]	友達（女）
amoureux	[名男]	恋人
an	[名男]	～歳，～年
ancien	[形]	古い，昔の
Anglais	[名]	イギリス人
anglais	[名男]	英語
anglais	[形]	イギリスの
Angleterre	[固有女]	英国
animé	[形]	活気がある（→ animer）
animer	[動]	活気づける
Anne	[固有]	アンヌ（女性の名）
année	[名女]	年
anniversaire	[名男]	誕生日
annoncer	[動]	告げる
annuler	[動]	キャンセルする，取り消す
août	[名男]	8月
appareil	[名男]	器械
appareil photo numérique	[名男]	デジカメ
appartement	[名男]	アパルトマン，マンション
appeler	[動]	呼ぶ，電話する
apporter	[動]	持っていく
apprendre	[動]	（à～） ～することを習う
après	[副][前]	後；～の後に
Arc de Triomphe		凱旋門
arc-en-ciel	[名男]	虹
argent	[名男]	お金
arrêter	[動]	やめる
arriver	[動]	到着する
artiste	[名]	芸術家，アーティスト
as	[動・活用・直現]	→ avoir
Asie	[固有女]	アジア
association	[名女]	協会
Astérix		アステリックス（BD の主人公）

attendez	[動・活用・命]	→ attendre
attendre	[動]	待つ
au		縮約形 → p.30
au bord de la mer		海辺へ，に
au mois de [d'] ～		～月に
au revoir		さようなら
au téléphone		電話で
audition	[名女]	オーディション
aujourd'hui	[副]	今日
aur-		→ avoir
aussi	[副]	～も；と同じ位；同じ位～
auteur	[名]	作者
automne	[名男]	秋
autre	[形]	別の
autrefois	[副]	昔
aux		縮約形 → p.30
avant	[副][前]	前；前に（時の表現）
avant que		～する前に
avant-hier		一昨日
avec	[前]	～といっしょに；～で
avec impatience		心待ちにしている
avec intérêt		興味深く
avec plaisir		よろこんで
avenir	[名男]	未来
aventure	[名女]	冒険
avez	[動・活用・直現]	→ avoir
avion	[名男]	飛行機
avoir besoin de ～		～が必要だ
avoir de la patience		根気がある，辛抱する
avoir l'air ～		～のように見える
avoir peur		心配する，恐れる
avoir raison		正しい
avoir tort		間違えている
avons	[動・活用・直現]	→ avoir
avril	[名男]	4月
ayant	[動・現分]	→ avoir

B

bagage	[名男]	荷物
bague	[名女]	指輪

Escapades!

baguette	[名女]	バゲット（棒状のフランスパン）
bain	[名男]	風呂
banque	[名女]	銀行
base	[名女]	基礎
baskets	[名女]	スニーカー（複数形）
bateau	[名男]	船
bavard	[形]	おしゃべりな
BD	[名女]	ベーデー（フランスのコミック）
beau / belle [bel]	[形]	美しい；（男単で）天気がいい
beaucoup	[副]	とても，たくさん
beaucoup de ～		たくさんの～
beaucoup de monde		大勢の人
beige	[形]	ベージュの
Belge	[名]	ベルギー人
belge	[形]	ベルギーの
Belgique	[固有女]	ベルギー
ben		ええと
besoin	[名男]	必要
beurre	[名男]	バター
bibliothèque	[名女]	図書館
bien	[副][形]	とても，よく，うまく
bien sûr		もちろん
bientôt	[副]	近いうちに，まもなく
bière	[名女]	ビール
billet	[名男]	チケット；切符；紙幣
blanc / blanche	[形]	白い
bleu	[形]	青い
blond	[形]	金髪の
boire	[動]	飲む
boisson	[名女]	飲み物
bon / bonne	[形]	良い，おいしい
bonbon	[名男]	キャンディ，飴
bonjour		こんにちは，おはよう
bord		→ au bord de la mer
Bordeaux		ボルドー（フランスの都市）
bottes	[名女]	ブーツ（複数形）

boucles d'oreilles	[名女]	イヤリング（複数形）
boulette de riz	[名女]	おにぎり
bouteille	[名女]	瓶, ボトル
boutique	[名女]	専門店
Brésil	[固有男]	ブラジル
brosse	[動・活用・直現]	→ se brosser
brouillard	[名男]	霧
brun	[形]	褐色の
brunch	[名男]	ブランチ；朝昼兼用の食事
Bruxelles		ブリュッセル（ベルギーの首都）
bureau	[名男]	オフィス
bus	[名男]	バス
buvant	[動・現分]	→ boire

C

ça	[代]	これ, そのこと
Ça va ? / Ça va.		元気？ / 元気.
cadeau	[名男]	プレゼント, 贈物
café	[名男]	コーヒー；カフェ
café au lait	[名男]	カフェオレ
calme	[形]	静かな, 物静かな
camarade	[名]	仲間
camarade de classe	[名]	クラスメート
caméra	[名女]	ビデオカメラ
campagne	[名女]	田舎
Canada	[固有男]	カナダ
canapé	[名男]	ソファー
cardigan	[名男]	カーディガン
carnet	[名男]	手帳
Caroline	[固有]	カロリーヌ（女性の名）
carte	[名女]	メニュー
carte de crédit	[名女]	クレジットカード
carte postale	[名女]	絵はがき, ポストカード
cathédrale	[名女]	大聖堂
CD	[名男]	CD（複数形も同形）
ce / cet / cette	[形]	この, あの, その（→ p. 26 指示形容詞）
ce	[代]	→ c'est / ce sont（→ p. 10 提示表現）

quatre-vingt-dix-sept　**97**

Lexique

C'est bien.		良いです.
C'est fini.		終わりました.
C'est très bien.		とても良いです.
c'est / ce sont		これは〜です / これらは〜です
ceinture	[名女]	ベルト
célèbre	[形]	有名な
céréales	[名女]	シリアル（複数形）
cerise	[名女]	さくらんぼ
cerisier	[名男]	桜（の木）
certain	[形]	いくつかの
ces		これらの, あれらの, それらの（→ p. 26 指示形容詞）
chaise	[名女]	椅子
chaleur	[名女]	熱気, 暑さ
chambre	[名女]	寝室;（ホテルの）部屋
chambre d'amis	[名女]	客間
chance	[名女]	運, 幸運
changer	[動]	替える
chant	[名男]	歌
chanter	[動]	歌う
chanteur / chanteuse	[名男/名女]	歌手
chapeau	[名男]	帽子
Charles	[固有]	シャルル（男性の名）
charmant	[形]	すてきな, 魅力的な
chat	[名男]	猫
châtain	[形]	栗色の（髪の色）
château	[名男]	城
chaud	[名男]	暑さ
chaud	[形]	暑い
chaussettes	[名女]	靴下（複数形）
chaussures	[名女]	靴（複数形）
chef	[名男]	シェフ, 料理長
chemise	[名女]	ワイシャツ, シャツ
chemisier	[名男]	（女性用）シャツ, ブラウス
cher / chère	[形]	高い; 親愛なる
chercher	[動]	探す
cheveux	[名男]	髪の毛（複数形）
chez	[前]	〜の家に, で
chien	[名男]	犬

Chine	[固有女]	中国
Chinois	[名]	中国人
chinois	[形]	中国の
chocolat	[名男]	ココア; チョコレート
choisi	[動・過分]	→ choisir
choisir	[動]	選ぶ
chose	[名女]	物, 事
chou à la crème	[名男]	シュークリーム
cigarette	[名女]	煙草
cinéma	[名男]	映画; 映画館
ciel	[名男]	空
cinq		5
cinquante		50
clair	[形]	明らかな
Claire	[固有]	クレール（女性の名）
classe	[名女]	クラス
clé	[名女]	鍵（clef の形もある）
club	[名男]	クラブ, サークル
collectionneur	[名]	コレクター, 収集家
collègue	[名]	同僚
collier	[名男]	ネックレス
combien	[疑問副詞]	いくら, いくつ
combien de		どのくらいの〜
comme tu veux		お好きなように
comédien / comédienne	[名男/名女]	舞台俳優
comme	[接]	〜のように; 〜として
comme prévu		予定通り
commencer	[動]	始まる; 始める
comment	[疑問副詞]	どのように
Comment allez-vous ?		お元気ですか?
commode	[名女]	たんす
complet	[形]	（期間が）まるまるの
concert	[名男]	コンサート
concours	[名男]	選抜試験
condition	[名女]	条件
conduire	[動]	運転する
confiture	[名女]	ジャム
connaître	[動]	知っている

Escapades!

connu	[形]	有名な (connaître の過分)	danser	[動]	踊る
conseil	[名男]	アドバイス, 助言	date	[名女]	日付
conseiller	[動]	勧める	David	[固有]	ダヴィッド, デイヴィッド（男性の名）
conservatoire	[名男]	コンセルヴァトワール, 音楽院	de	[前]	～の, から
construire	[動]	建てる	de	[否定の冠詞]	
content	[形]	満足している	de l'	[部分冠詞]	母音, 無音 h の前
contre	[前]	～にくっついて；～に反して	de la	[部分冠詞・女性]	
copain	[名男]	男友達；恋人	de tout cœur		心から
copine	[名女]	女友達；恋人	début	[名男]	初め, デビュー
Corée	[固有女]	韓国	décembre	[名男]	12月
Coréen / Coréenne	[名男/名女]	韓国人	décidé	[動・過分]	→ décider
coréen / coréenne	[形]	韓国の	décider	[動]	決める
côté	[名男]	横	décision	[名女]	決定
coucher	[動]	寝かせる	déclic	[名男]	きっかけ
courage	[名男]	やる気	déjà	[副]	すでに
cours	[名男]	授業, 講義	déjeuner	[動]	昼食をとる
court	[形]	短い	déjeuner	[名]	昼食
couscous	[名男]	クスクス（料理）	délicieux	[形]	おいしい
cousin / cousine	[名]	従兄弟 / 従姉妹	demain	[副]	明日
coûter	[動]	（値段が）～する	demander	[動]	聞く, 頼む
craindre	[動]	心配する, 懸念する, 恐れる	demander pardon		わびる, 許しを請う
cravate	[名女]	ネクタイ	déménagement	[名男]	引っ越し
crayon	[名男]	鉛筆	déménager	[動]	引っ越す
crêpe	[名女]	クレープ	demi		→ et demie
crêpe à la confiture	[名女]	ジャムのクレープ	dent	[名女]	歯
crêpe au sucre	[名女]	砂糖のクレープ	depuis	[前]	～以来
croire	[動]	信じる	dernier / dernière	[形]	最後の；最新の
crois	[動・活用・直現]	→ croire	derrière	[前]	～の後ろに
croissant	[名男]	クロワッサン	des	[不定冠詞・複数]	
cuisine	[名女]	料理；キッチン	des		縮約形 → p.30
cuisiner	[動]	料理をする	descendre	[動]	降りる
			descendu	[動・過分]	→ descendre

D

d'abord		まず	désolé	[形]	残念な
d'accord		了解した	désirer	[動]	欲しい, 望む
d'après		～によると	dessert	[名男]	デザート
dame	[名女]	婦人	détester	[動]	嫌い
dans	[前]	～に, へ, の中	deux		2
dans quinze jours		2週間後に	deuxième	[形]	2番目の
danse	[名女]	ダンス	devant	[前]	～の前に / で（場所の表現）
			devenir	[動]	なる

quatre-vingt-dix-neuf　99

Lexique

devenu	[動・過分]	→ devenir
devoir	[動]	〜ねばならない；かもしれない
devoirs	[名男]	宿題（複数形）
dictionnaire	[名男]	辞書
difficile	[形]	難しい
dimanche	[名男]	日曜日
dîner	[動]	夕食をとる
dîner	[名]	夕食
dire	[動]	言う
discothèque	[名女]	ディスコ
dit	[動・活用・直現]	→ dire
dit	[動・過分]	→ dire
dix		10
dix-huit		18
dix-neuf		19
dix-sept		17
doivent	[動・活用・直現]	→ devoir
dommage	[名男]	残念
donc	[接]	ゆえに，従って
donner	[動]	あげる，与える
dont	[関係代名詞]	
dorment	[動・活用・直現]	→ dormir
dormir	[動]	眠る
douche	[名女]	シャワー
doucher		→ se doucher
doux / douce	[形]	優しい，甘い
douze		12
droit	[副]	まっすぐ
droite	[名女]	右
drôle	[形]	おもしろい，愉快な
du	[部分冠詞・男性]	
du		縮約形 → p.30
du tout		全然
dynamique	[形]	活動的な，エネルギッシュな

E

e-mail	[名男]	Eメール
eau	[名女]	水
eau minérale	[名女]	ミネラルウォーター
échanger	[動]	交換する
écharpe	[名女]	マフラー，襟巻

école	[名女]	学校
écouter	[動]	聞く
écouteurs	[名男]	ヘッドホン，イヤホン（複数形）
écouter	[動]	（耳を澄まして）聞く
écoutez	[動・活用・命]	→ écouter
écrire	[動]	書く；手紙を書く
écrit	[動・過分]	→ écrire
écrivain	[名]	作家（男女同形）
écrivez	[動・活用・命]	→ écrire
église	[名女]	教会
élégant	[形]	洗練された，エレガントな
élève	[名]	生徒
Élise	[固有]	エリーズ（女性の名）
elle	[代]	彼女は，それは
elle	[代]	elle 強勢形
elles	[代]	彼女らは，それらは
elles	[代]	elles 強勢形
embrasser	[動]	キスをする，（手紙の最後で親しい間柄の人に）挨拶を送る
émission	[名女]	番組
employé	[名]	会社員，職員
en	[前]	〜専攻の(→ p.17)；〜で(手段)(→ p.22)
en	[中性代名詞]	(→ p.52)
en 〜（年号）		〜年に
en avance		前もって；予定より早く
en avion		飛行機で
en bateau		船で
en bus		バスで
en métro		地下鉄で
en première		一等車に
en retard		遅刻している
en seconde		二等車に
en train		電車で
en vélo		自転車で
encore	[副]	もっと，まだ
enfant	[名]	子ども
enfin	[副]	ようやく，やっと
enquête	[名女]	調査，アンケート

Escapades!

ensemble	[副]	一緒に
ensuite	[副]	その次に
entendre	[動]	聞こえる, 聞く
entendu	[動・過分]	→ entendre
entre ~ et ~		~と~の間に
entrée	[名女]	アントレ（主菜の前に出される料理）
entrer	[動]	入る
environ	[副]	約~
envoyer	[動]	送る
époque	[名女]	時代
épouser	[動]	（~と）結婚する
es	[動・活用・直現]	→ être
Espagne	[固有女]	スペイン
Espagnol	[名]	スペイン人
espagnol	[形]	スペインの
espagnol	[名男]	スペイン語
essayer	[動]	試みる, ためしてみる
est	[動・活用・直現]	→ être
est-ce que [qu']		疑問文につける
et	[接]	そして, それで；~と~
et demie		~時半
et quart		~時15分
étage	[名男]	~階
étagère	[名女]	棚
étant	[動・現分]	→ être
États-Unis	[固有男]	アメリカ合衆国（複数形）
été	[名男]	夏
été	[動・過分]	→ être
êtes	[動・活用・直現]	→ être
étoile	[名女]	星
étranger	[名男]	外国
études	[名女]	勉強, 学業（複数形）
étudiant	[名男]	学生
étudiante	[名女]	女子学生
étudier	[動]	勉強する
eu	[動・過分]	→ avoir
euh		えーと
euro	[名男]	ユーロ（EUの通貨）
Europe	[固有女]	ヨーロッパ

eux	[代]	ils 強勢形
examen	[名男]	試験
excusez-moi		すみません
exemple	[名男]	例
exposition	[名女]	展覧会
exprès	[副]	わざわざ

F

fac	[名女]	大学
facile	[形]	簡単な, たやすい
faim	[名女]	空腹
faire	[動]	する；作る
faire des soldes		セールに行く（この場合は複数形を使う）
faire la cuisine		料理を作る
fait	[動・過分]	→ faire
falloir	[動]	~ねばならない；が必要だ
famille	[名女]	家族
Farid	[固有]	ファリッド（男性の名）
fatigué	[形]	疲れた
faudrait	[動・活用・条]	→ falloir
faut	[動・活用・直現]	→ falloir
Federico	[固有]	フェデリコ（男性の名）
femme	[名女]	女性；妻
fenêtre	[名女]	窓
fer-		→ faire
fermer	[動]	閉める
fête	[名女]	祭り, フェスティバル
Fête de la musique		音楽祭
février	[名男]	2月
fille	[名女]	娘；（家族の中の）娘
film	[名男]	映画（作品）
fils	[名男]	息子
fin ~ （月）		~月の終わりに
fini	[動・過分]	→ finir
finir	[動]	終える；終わる
Finlande	[固有女]	フィンランド
fleur	[名女]	花
fleuve	[名男]	河

cent un 101

Lexique

football	[名男]	サッカー
forêt	[名女]	森
fort	[形]	強い
fort	[副]	（声が）大きく；強く
foulard	[名男]	スカーフ
fraise	[名女]	いちご
Français	[名]	フランス人
français	[形]	フランスの
français	[名男]	フランス語
France	[固有女]	フランス
francophone	[形]	フランス語圏の
frère	[名男]	兄弟
froid	[名男]	寒さ
froid	[形]	寒い
fromage	[名男]	チーズ
fumer	[動]	たばこを吸う

G

gai	[形]	陽気な, 楽しい
gants	[名男]	手袋（複数形）
gare	[名女]	駅
gâteau	[名男]	ケーキ, お菓子
gâteau au chocolat	[名男]	チョコレートケーキ
gauche	[名女]	左
Genève		ジュネーヴ（スイスのフランス語圏の都市）
génial	[形]	すごい
gens	[名男]	人々（複数形）
gentil / gentille	[形]	優しい, 親切な, すてきな
Gérard Depardieu	[固有]	ジェラール・ドパルデュー（俳優）
gilet	[名男]	カーディガン
glace	[名女]	アイスクリーム
gramme	[名男]	グラム
50 grammes de ~		50グラムの~
grand	[形]	大きい
grand-mère	[名女]	祖母
grand-père	[名男]	祖父
grandir	[動]	成長する
gratin	[名男]	グラタン
grève	[名女]	ストライキ

gris	[形]	灰色の, グレーの
guide	[名男]	ガイド

H

habiller		→ s'habiller
habiter	[動]	住んでいる
haut	[形]	（高さが）高い
haute couture	[名女]	オートクチュール
héroïne	[名女]	女傑, 女主人公
héros	[名男]	英雄, 主人公
heure	[名女]	~時；時間
heureux / heureuse	[形]	幸せな
hier	[副]	昨日
histoire	[名女]	物語；歴史
hiver	[名男]	冬
homme	[名男]	男；人間
hôpital	[名男]	病院
hôtel	[名男]	ホテル
Hôtel des Invalides	[名男]	アンヴァリッド
huit		8

I

ici	[副]	ここに
idée	[名女]	考え
il	[代]	彼は, それは；非人称主語
il fait ~		（気候が）~である
il faut ~		→ falloir
il ne faut pas ~		~してはいけない → falloir
Il pleut.		雨が降っている. → pleuvoir
il reste ~		残っている → rester
il vaut mieux		~した方がよい
il y a ~		~があります
il y a ~		~前(時の表現)
île	[名女]	島
ils	[代]	彼らは, それらは
imaginer	[動]	想像する
impatience	[名女]	待ちきれない気持ち
important	[形]	重要な
infirmier / infirmière	[名男/名女]	看護師
informaticien / informaticienne	[名]	情報処理技術者

Escapades!

information	[名女]	ニュース, 情報
ingénieur	[名]	技術者
intelligent	[形]	頭がよい, 聡明な, 賢い
interdit	[形]	禁止されている
intéressant	[形]	興味深い
intéresser	[動]	～に興味を持たせる
intérêt	[名男]	興味
Internet	[名男]	インターネット
invité(e)	[動・過分]	→ inviter
inviter	[動]	招く, 招待する
ir-		→ aller
Isabella	[固有]	イザベラ(女性の名)
Italie	[固有女]	イタリア
Italien / Italienne	[名男/名女]	イタリア人
italien / italienne	[形]	イタリアの

J・K

j'espère		そうだといいんだけど
Jacques	[固有]	ジャック(男性の名)
jamais		決して～ない(ne と共に)
jambon	[名男]	ハム
janvier	[名男]	1月
Japon	[固有男]	日本
Japonais	[名]	日本人
japonais	[形]	日本人の
jardin	[名男]	庭
jardinage	[名男]	庭仕事
jaune	[形]	黄色い
jazz dance	[名女]	ジャズ・ダンス(英語)
je	[代]	私は
je crois que ~		～だと思う
je m'appelle ~		私の名前は～です
Je ne sais pas.		知りません. → savoir
Je vais très bien.		とても元気です.
Je vous en prie.		どういたしまして; どうぞ
jean	[名男]	ジーンズ
Jeanne	[固有]	ジャンヌ(女性の名)
jeux	[名男]	ゲーム, 遊戯(複数形)

jeudi	[名男]	木曜日
jeune	[形]	若い
jeune	[名]	若者
joli	[形]	かわいい
jouer	[動]	遊ぶ, プレイする
joueur	[名男]	選手
jour	[名男]	日
journal	[名男]	新聞
juillet	[名男]	7月
juin	[名男]	6月
Juliette Binoche	[固有]	ジュリエット・ビノシュ(女優)
jupe	[名女]	スカート
justement	[副]	そのことなんですが; 丁度
karaoké	[名男]	カラオケ
kilo	[名男]	キロ(重さの単位)

L

l'	[定冠詞]	母音, 無音のhの前
l'	[人称代名詞]	直接目的(→ p. 52)
l'année dernière		去年
l'autre jour		先日
la	[定冠詞・女性単数]	
la	[人称代名詞]	直接目的(→ p. 52)
là	[副]	あそこ
la semaine dernière		先週
lait	[名男]	牛乳
langue	[名女]	言語
lapin	[名男]	うさぎ
laver	[動]	洗う
le	[定冠詞・男性単数]	
le	[人称代名詞]	直接目的(→ p. 52)
le	[中性代名詞]	(→ p. 52)
le mois dernier		先月
leçon	[名女]	課, レッスン
lecture	[名女]	読書
léger / légère	[形]	軽い
légume	[名男]	野菜
lentement	[副]	ゆっくりと
lentilles de contact	[名女・複]	コンタクトレンズ
les	[定冠詞・複数]	
les	[人称代名詞]	間接目的(→ p. 52)

cent trois　103

Lexique

lettre	[名女]	手紙
leur / leurs		彼らの, 彼女らの, それらの (→ p. 26 所有形容詞)
leur	[人称代名詞]	間接目的(→ p. 52)
lever		→ se lever
libre	[形]	暇がある
Lille	[固有]	リール (北仏の都市)
lion	[名男]	ライオン
lire	[動]	読む
lisez	[動・活用・命]	→ lire
lit	[名男]	ベッド
litre	[名男]	リットル
littérature	[名女]	文学
livre	[名男]	本
loisir	[名男]	趣味
louer	[動]	借りる
lourd	[形]	重い
Louvre	[固有男]	ルーヴル (美術館；宮殿)
lui	[代]	il 強勢形
lui	[人称代名詞]	間接目的 (→ p. 52)
lundi	[名男]	月曜日
lune / Lune	[名女]	(天体の) 月
lunettes	[名女]	眼鏡 (複数形)
lunettes de soleil	[名女]	サングラス(複数形)
lycée	[名男]	高校
Lyon		リヨン (フランスの都市)

M

m'	[人称代名詞]	直接 / 間接目的 (→ p. 52)
ma		私の (→ p. 26 所有形容詞)
madame	[名女]	奥様；〜さん
mademoiselle	[名女]	お嬢さん；〜さん
magasin	[名男]	店
magazine	[名男]	雑誌
magnifique	[形]	すばらしい
mai	[名男]	5月
main	[名女]	手
maintenant	[副]	今, 現在
mais	[接]	しかし

mais oui		もちろん
maison	[名女]	家
malade	[形]	病気の
Mali	[固有男]	マリ (アフリカの国名)
mangeant	[動・現分]	→ manger
manger	[動]	食べる
manteau	[名男]	コート
marché	[名男]	市場, マルシェ
marcher	[動]	歩く
mardi	[名男]	火曜日
mari	[名男]	夫
Marion	[固有]	マリオン(女性の名)
Maroc	[固有男]	モロッコ
Marocain	[名]	モロッコ人
marocain	[形]	モロッコの
mars	[名男]	3月
Marseille		マルセイユ (南仏の都市)
Martine	[固有]	マルティーヌ (女性の名)
matin	[名男]	朝
mauvais	[形]	悪い；天気が悪い
mauve	[形]	薄紫の
me	[人称代名詞]	直接 / 間接目的 (→ p. 52)
médecin	[名]	医者(男女同形)
meilleur		bon の比較級
mer	[名女]	海
merci		ありがとう
mercredi	[名男]	水曜日
mère	[名女]	母
mes		私の (→ p. 26 所有形容詞)
message	[名男]	メッセージ, 伝言
métro	[名男]	メトロ, 地下鉄
mettre	[動]	置く, 塗る
meuble	[名男]	家具
meunière		ムニエル (料理)
Mexique	[固有男]	メキシコ
midi	[名男]	正午
Midori	[固有]	ミドリ(女性の名)
mieux		bien の比較級
mince	[形]	痩せている

104　cent quatre

Escapades!

minuit	[名男]	深夜, 午前零時
minute	[名女]	〜分
miroir	[名男]	鏡
mis	[動・過分]	→ mettre
mode	[名女]	モード
moderne	[形]	近代的な, 新しい
moi	[代]	私（強勢形）
moins	[副]	より〜でない
moins le quart		〜時15分前
moins（数字）		〜分前
mois	[名男]	（暦の）月
Molière	[固有]	モリエール（17世紀の劇作家）
mon		私の（→ p. 26 所有形容詞）
monde	[名男]	世界；（部分冠詞をつけて）人
monsieur	[名男]	男性；〜さん
montagne	[名女]	山
montagnes russes	[名女]	ジェットコースター（複数形）
monter	[動]	登る, 上る
montre	[名女]	腕時計
monument	[名男]	記念建造物
morceau	[名男]	一切れ
mort	[動・過分]	→ mourir
moto	[名女]	バイク, オートバイ
mouchoir	[名男]	ハンカチ, ティッシュ
mourir	[動]	死ぬ
Moyen-Orient	[固有男]	中東
mur	[名男]	壁
musée	[名男]	美術館, 博物館
musicien / musicienne	[名男/各女]	音楽家, ミュージシャン
musique	[名女]	音楽
musique classique	[名女]	クラシック音楽

N

naître	[動]	生まれる
Nantes	[固有]	ナント（ロワール河畔の都市）
Nathalie	[固有]	ナタリー（女性の名）
natation	[名女]	水泳
nation	[名女]	国家

nationalité	[名女]	国籍
nature	[名女]	自然
nature		ストレートで（紅茶などの飲み方）
né	[動・過分]	→ naître
ne 〜 pas		〜ない（否定表現）
neige	[名女]	雪
neiger	[動]	雪が降る
neuf	[数]	9
neuf / neuve	[形]	新しい
Nice		ニース（南仏の都市）
Noël	[名男]	クリスマス（無冠詞で）
noir	[形]	黒い
nombreux	[形]	数が多い
non		いいえ（肯定疑問に対して）；はい. 〜ではありません.（否定疑問に対して）
non ?		そうじゃない？
nord	[名男]	北
Normandie	[固有女]	ノルマンディ（フランスの地方）
nos		私たちの（→ p. 26 所有形容詞）
notre		私たちの（→ p. 26 所有形容詞）
Notre-Dame		ノートルダム（大聖堂）
nous	[代]	私たちは
nous	[代]	nous 強勢形
nous	[人称代名詞]	直接 / 間接目的（→ p.52）
nouveau / nouvelle [nouvel]	[形]	新しい
nouvelle	[名女]	知らせ, ニュース
Nouvelle-Calédonie	[固有女]	ニューカレドニア
novembre	[名男]	11月
nuage	[名男]	雲

O

objet	[名男]	件名
occupé	[形]	忙しい, ふさがっている
octobre	[名男]	10月
offert	[動・過分]	→ offrir
offre	[動・活用・直現]	→ offrir

cent cinq **105**

Lexique

offrez	[動·活用·直現] → offrir	
offrir	[動]	プレゼントする, 贈る
oh		あっ, ああ
oiseau	[名男]	鳥
omelette	[名女]	オムレツ
on	[代]	私たちは, 誰かは (又は主語を明示しない場合の主語)
oncle	[名男]	おじ
ont	[動·活用·直現] → avoir	
onze		11
opéra	[名男]	オペラ
optimiste	[形]	楽天的な
orageux	[形]	雷雨の
orange	[形]	オレンジ色の(不変)
ordinateur	[名男]	パソコン
ordinateur portable	[名男]	ノートパソコン
organiser	[動]	企画する, 計画準備する
où	[疑問副詞]	どこ
où	[関係代名詞]	
oui		はい
ouvre	[動·活用·命] → ouvrir	
ouvrir	[動]	開ける

P

pain	[名男]	パン
pantalon	[名男]	ズボン, パンツ
paquet	[名男]	包み
par	[前]	～によって
par avance		前もって, あらかじめ
par exemple		例えば
parc	[名男]	公園
parc de loisirs	[名男]	レジャーパーク
parce que ~		なぜならば～だから
pardon	[名男]	許し
parents	[名男]	両親（複数形）
parfait	[名男]	パフェ
parfum	[名男]	香水
Paris		パリ
Parisien / Parisienne	[名男/名女]	パリ在住の人
parisien / parisienne	[形]	パリの

parler	[動]	話す
parler à ~ / de ~		～と / ～について話す
parti	[動·過分] → partir	
participer	[動]	(à に) 参加する
particulièrement	[副]	特に
partir	[動]	出発する
passer	[動]	受ける; 過ごす; 寄る
pâtes	[名女]	パスタ, スパゲティー（複数形）
patience	[名女]	忍耐, 我慢
patron	[名男]	主人 ; マスター
Pauline	[固有]	ポリーヌ(女性の名)
pays	[名男]	国
paysage	[名男]	風景
pêche	[名女]	桃
pêche	[名女]	釣り
peintre	[名]	画家
Pékin		北京
pendant	[前]	～の間(時間を表す)
penser	[動]	考える
perdre	[動]	失う
perdu	[動·過分] → perdre	
père	[名男]	父
personne	[名女]	人
petit	[形]	小さい
petit déjeuner	[名男]	朝食
peur	[名女]	恐怖
peut-être	[副]	たぶん
Philippe	[固有]	フィリップ（男性の名）
photo	[名女]	写真
piano	[名男]	ピアノ
pièce (de théâtre)	[名女]	劇作品
pizza	[名女]	ピザ
place	[名女]	駐車場の一台分のスペース; 座席; 場所; 立場; 広場
plage	[名女]	海辺
plairait	[動·活用·条] → plaire	
plaire	[名]	(à の) 気に入る
plaisir	[名男]	喜び
plante	[名女]	植物

Escapades!

plein de ~		～でいっぱいの
pleuvoir	[動]	雨が降る
plus	[副]	より～
plus		beaucoup の比較級
plus	[副]	ne ~ plus で もはや～ない
plus tard		後で
plus vite possible		可能な限り急いで
plusieurs	[形]	いくつもの
plutôt	[副]	むしろ, どちらか というと
poisson	[名男]	魚
pomme	[名女]	りんご
pomme de terre	[名女]	じゃがいも, ポテト
pont	[名男]	橋
populaire	[形]	人気がある
porte	[名女]	ドア, 扉
porter	[動]	身につける
Portugais	[名]	ポルトガル人
portugais	[形]	ポルトガルの
Portugal	[固有男]	ポルトガル
poser	[動]	（質問を）する
possible	[形]	可能である
potage	[名男]	ポタージュ, スープ
pour	[前]	～のために ; 行きの
pourquoi	[疑問副詞]	どうして
pourr-		→ pouvoir
pouvoir	[動]	～できる
préféré	[形]	お気に入りの
préférer	[動]	～の方が好き
premier	[形]	最初の
premier étage		（日本の）2 階
prendre	[動]	取る ; 頂く ; 乗る
prends	[動・活用・直現]	→ prendre
prenez	[動・活用・直現]	→ prendre
préparer	[動]	準備する
présent	[形]	出席している
présenter	[動]	紹介する
prévu	[形]	予定された
printemps	[名男]	春
prier	[動]	頼む
pris	[動・過分]	→ prendre

problème	[名男]	問題
prochain	[形]	次の
professeur	[名]	教師, 先生 （= prof）
profession	[名女]	職業
profiter	[動]	（de を）満喫する, 活用する
promener		→ se promener
proposer	[動]	提案する
Provence	[固有女]	プロヴァンス（フ ランスの地方）
province	[名女]	地方
puis	[副]	それから
pull	[名男]	セーター
Pyramide du Louvre	[名女]	ルーヴルのピラミッド

Q

qu'est-ce que ~		何～？
qu'est-ce que c'est ?		何ですか？
qualité	[名女]	品質
quand	[疑問副詞]	いつ
quand	[接]	～の時
quarante		40
quartier	[名男]	地区
quatorze		14
quatre		4
quatre-vingts		80
que	[接]	～より（比較の対象）
que	[関係代名詞]	
Québec	[固有男]	ケベック
quel / quelle / quels / quelles	[疑問形容詞]	何 ; 誰 ; どんな, どの～
quel âge		何歳？
quelle heure		何時？
quelque chose		何か
quelque part		どこか
quelques ~		いくらかの～
question	[名女]	質問 ; 問題
qui	[代]	誰
qui	[関係代名詞]	
qui est-ce ?		誰ですか？
quinze		15
quitter	[動]	離れる

cent sept **107**

Lexique

R

raconter	[動]	語る
radio	[名男]	ラジオ
raison		→ avoir raison
Raoul	[固有]	ラウル（男性の名）
rapidement	[副]	急いで
rapporter	[動]	持ち帰る, 報告する
réalisateur	[名男]	映画監督
recommander	[動]	勧める
réfléchir	[動]	よく考える
regarder	[動]	見る
région	[名女]	地方
remercier	[動]	感謝する
rencontrer	[動]	会う, 出会う
rendez-vous	[名男]	約束
rendre	[動]	返す；～の状態にする
rentrer	[動]	帰る
reparler	[動]	再び話す
repas	[名男]	食事
répétez	[動・活用・命]	→ répéter
répéter	[動]	繰り返す, リピートする
répondez	[動・活用・命]	→ répondre
répondre	[動]	答える
reposer		→ se reposer
réservé	[形]	控えめな
réserver	[動]	予約する
respecter	[動]	守る, 尊重する
restaurant	[名男]	レストラン
rester	[動]	留まる, そのままでいる；残っている（非人称構文）
retard	[名男]	遅刻
réunion	[名女]	会合, 会議
réussir	[動]	合格する, 成功する
rêve	[名男]	夢
rêver	[動]	夢見る
réveiller		→ se réveiller
réviser	[動]	復習する
riche	[形]	お金持ちの, 裕福な
robe	[名女]	ドレス, ワンピース
rock	[名男]	ロック

roman	[名男]	小説
rose	[名女]	バラ
rose	[形]	ピンクの
rouge	[形]	赤い
roux	[形]	赤毛の
Royaume-Uni	[固有男]	英国
rue	[名女]	道, 通り
russe	[名男]	ロシア語
Russe	[名]	ロシア人
russe	[形]	ロシアの
Russie	[固有女]	ロシア

S

s'		si と同じ. il, ils の前の形（エリジヨン）
s'appeler	[代動]	名前は～です
s'en aller		行ってしまう
s'habiller	[代動]	服を着る
s'il vous plaît		お願いします
sa		彼の, 彼女の, その（→ p. 26 所有形容詞）
sac	[名男]	バッグ
sachant	[動・現分]	→ savoir
sais	[動・活用・直現]	→ savoir
saison	[名女]	季節
saké	[名男]	酒
salade	[名女]	サラダ
salade de fruits	[名女]	フルーツサラダ
salon	[名男]	応接間, サロン
Salut !		やあ！；またね！
salutations	[名女]	挨拶（複数形）
samedi	[名男]	土曜日
sandwich	[名男]	サンドイッチ
sans	[前]	～なしに
santé	[名女]	健康
sauce	[名女]	ソース
saucisson	[名男]	ソーセージ
saur-		→ savoir
savoir	[動]	知っている
se brosser les dents		歯を磨く
se coiffer	[代動]	髪をとかす
se coucher	[代動]	寝る
se doucher	[代動]	シャワーを浴びる

Escapades!

se laver	[代動]	体を洗う
se lever	[代動]	起きる
se passer	[代動]	過ぎる
se promener	[代動]	散歩する
se réaliser	[代動]	叶う，実現する
se reposer	[代動]	休む
se réveiller	[代動]	目が覚める
se souvenir	[代動]	（de を）思い出す
Seine	[固有女]	セーヌ川
seize		16
sept		7
septembre	[名男]	9月
sérieux / sérieuse	[形]	真面目な
ses		彼の，彼女の，その（→ p. 26 所有形容詞）
seul	[形]	一人で
si		いいえ（否定疑問に対して）
si	[副]	そんなに
si	[接]	もし〜なら
signature	[名女]	署名，サイン
silence	[名男]	沈黙
Simon	[固有]	シモン（男性の名）
situation	[名女]	状況
six		6
ski	[名男]	スキー
SNCF		フランス国鉄
sœur	[名女]	姉妹
soif	[名女]	（のどの）渇き
soir	[名男]	夕方
soixante		60
soldes	[名男（女）]	→ faire des soldes
soleil	[名男]	太陽
sommeil	[名男]	眠気
sommes	[動・活用・直現]	→ être
son		彼の，彼女の，その（→ p. 26 所有形容詞）
sont	[動・活用・直現]	→ être
sorti	[動・過分]	→ sortir
sortir	[動]	出かける，出る
souhaiter	[動]	望む
soupe	[名女]	スープ
sous	[前]	〜の下に

souvenir	[名男]	思い出
souvent	[副]	しばしば，よく
souviens	[動・活用・直現]	→ se souvenir
splendide	[形]	すばらしい
sport	[名男]	スポーツ
Strasbourg	[固有]	ストラスブール（ドイツ国境近くのフランス北東部の都市）
styliste	[名]	デザイナー
stylo	[名男]	万年筆，ペン
sucre	[名男]	砂糖
suis	[動・活用・直現]	→ être
Suisse	[固有女]	スイス
Suisse	[名]	スイス人
suisse	[形]	スイスの
Suissesse	[名女]	スイス人（女性形）
suite à 〜		〜の返事として
super	[形]	すごい
supplément	[名男]	追加料金
sur	[前]	〜について；の上に
sûr	[形]	確かな
surtout	[副]	特に
SVP		お願いします（= S'il vous plaît.）
symbole	[名男]	象徴
sympa	[形]	感じのよい（不変）
sympathique	[形]	感じのよい

T

t		倒置疑問文で発音を整えるために挿入する（→ p. 18）
t'	[人称代名詞]	直接 / 間接目的（→ p. 52）
ta		きみの（→ p. 26 所有形容詞）
table	[名女]	テーブル
tableau	[名男]	絵画
tante	[名女]	おば
tapis	[名男]	敷物，カーペット
tard	[副]	遅くに，遅い時間に
te	[人称代名詞]	直接 / 間接目的（→ p. 52）
tee-shirt	[名男]	Tシャツ

cent neuf　109

Lexique

télé	[名女]	テレビ
téléphone portable	[名男]	携帯電話
téléphoner	[動]	電話する
télévision	[名女]	テレビ
temps	[名男]	天気；時
tennis	[名男]	テニス
ténor	[名男]	テノール
terminer	[動]	終える
tes		きみの（→ p. 26 所有形容詞）
TGV	[名男]	フランス新幹線
thé	[名男]	紅茶；茶
théâtre	[名男]	演劇；劇場
tiens		おや, まあ, ほら, ねえ
timide	[形]	内気な
toi	[代]	きみ（強勢形）
toilettes	[名女]	トイレ（複数形）
tomate	[名女]	トマト
tomber	[動]	落ちる
ton		きみの（→ p. 26 所有形容詞）
top modèle	[名]	トップモデル
tort		→ avoir tort
tôt	[副]	早く；早い時間に
toujours	[副]	いつも
Toulouse	[固有]	トゥールーズ（フランス南部の都市）
tour du monde		世界一周
Tour Eiffel	[名女]	エッフェル塔
tous les jours		毎日
tout à l'heure		先ほど
tout de suite		すぐに
tout le monde		皆
tout / toute / tous /toutes	[形]	すべての〜（複数形）；〜全部（単数形）
traditionnel / traditionnelle	[形]	伝統的な
train	[名男]	電車
trait caractéristique		特徴
tranquille	[形]	静かな
travail	[名男]	仕事
travailler	[動]	仕事をする；勉強する

travaux	[名男]	工事（travail の複数形）
treize		13
trente		30
très	[副]	とても
triste	[形]	悲しい
trois		3
trop	[副]	〜すぎる
trouver	[動]	見つける, 見出す
tu	[代]	きみは；あなたは（親しい間柄で）
tu sais		ねえ（→ savoir）
tu vois		わかった

U

un	[不定冠詞・男性単数]	
un		1
un jour		いつか
un kilo de ~		1キロの〜
un litre de ~		1リットルの〜
un morceau de ~		1切れの, 1塊の〜
un paquet de ~		包み1つの〜
un peu de ~		少しの〜
un verre de ~		グラス1杯の〜
une	[不定冠詞・女性単数]	
une bouteille de ~		ボトル1本の〜
université	[名女]	大学
utile	[形]	有益な

V

va	[動・活用・直現]	→ aller
vacances	[名女]	バカンス, 休暇（複数形）
vais	[動・活用・直現]	→ aller
vas	[動・活用・直現]	→ aller
vaudrait	[動・活用・条]	→ il vaut mieux
vedette	[名女]	スター, 花形
vélo	[名男]	自転車
venez	[動・活用・直現]	→ venir
venir	[動]	来る
venons	[動・活用・直現]	→ venir
vent	[名男]	風
venu	[動・過分]	→ venir

110　cent dix

Escapades!

vérifier	[動]	確かめる
vérité	[名女]	真実
verr-		→ voir
verre	[名男]	グラス
vers	[前]	頃
vert	[形]	緑の
veut	[動・活用・直現]	→ vouloir
viande	[名女]	肉
vie	[名女]	人生；生活
viendr-		→ venir
viennent	[動・活用・直現：接]	→ venir
viens	[動・活用・直現]	→ venir
vient	[動・活用・直現]	→ venir
vieux / vieille [vieil]	[形]	古い, 昔の
village	[名男]	村
ville	[名女]	町
ville d'origine		出身地
vin	[名男]	ワイン
vingt		20
violet / violette	[形]	紫の
visiter	[動]	訪ねる, 見学する
vite	[副]	早く
vivre	[動]	生きる, 生活する
voici		ここに～があります
voilà		あそこに～があります；はいどうぞ；こういうことです

voir	[動]	見る；会う；わかる
voisin	[名]	隣人
voiture	[名女]	車
voix	[名女]	声
volontiers	[副]	よろこんで
vont	[動・活用・直現]	→ aller
vos / votre		あなたたちの（→ p. 26 所有形容詞）
voulez	[動・活用・直現]	→ vouloir
vouloir	[動]	欲しい；～したい
vous	[代]	vous 強勢形
vous	[代]	あなたは, あなた方は
vous	[人称代名詞]	直接 / 間接目的（→ p. 52）
voyage	[名男]	旅, 旅行
voyagé	[動・過分]	→ voyager
voyager	[動]	旅行する
vraiment	[副]	本当に
vu	[動・過分]	→ voir

W・Y

week-end	[名男]	週末
y	[代]	そこへ （→ L6）
y	[中性代名詞]	（→ p. 52）
yaourt	[名男]	ヨーグルト
yoga	[名男]	ヨガ

cent onze **111**

新エスカパード！　フランス語への旅
―文法とアクティヴィテの14課―

ジャニック・マーニュ
東　辰之介
林　ゆき　　　　　著
鈴木　雅生
田口　亜紀

2025. 2. 1　初版発行

発行者　上野名保子

発行所　〒101-0062東京都千代田区神田駿河台3の7
　　　　電話03(3291)1676　FAX03(3291)1675
　　　　振替00190-3-56669
株式会社　駿河台出版社

装丁：dice　本文デザイン：佐々木　義洋
イラスト：Martin Faynot(http:// www.cafemarutan.com), 小熊未央, 前英里子
印刷・製本　(株)フォレスト
ISBN 978-4-411-01490-0　C1085
http://www.e-surugadai.com

動 詞 活 用 表

◇ 活用表中，現在分詞と過去分詞はイタリック体，
また書体の違う活用は，とくに注意すること．

accueillir	22	écrire	40	pleuvoir	61
acheter	10	émouvoir	55	pouvoir	54
acquérir	26	employer	13	préférer	12
aimer	7	envoyer	15	prendre	29
aller	16	être	2	recevoir	52
appeler	11	être aimé(e)(s)	5	rendre	28
(s')asseoir	60	être allé(e)(s)	4	résoudre	42
avoir	1	faire	31	rire	48
avoir aimé	3	falloir	62	rompre	50
battre	46	finir	17	savoir	56
boire	41	fuir	27	sentir	19
commencer	8	(se) lever	6	suffire	34
conclure	49	lire	33	suivre	38
conduire	35	manger	9	tenir	20
connaître	43	mettre	47	vaincre	51
coudre	37	mourir	25	valoir	59
courir	24	naître	44	venir	21
craindre	30	ouvrir	23	vivre	39
croire	45	partir	18	voir	57
devoir	53	payer	14	vouloir	58
dire	32	plaire	36		

◇ 単純時称の作り方

不定法		直説法現在			接続法現在		直説法半過去	
—er [e]	je (j')	—e [無音]	—s [無音]		—e [無音]		—ais [ɛ]	
—ir [ir]	tu	—es [無音]	—s [無音]		—es [無音]		—ais [ɛ]	
—re [r]	il	—e [無音]	—t [無音]		—e [無音]		—ait [ɛ]	
—oir [war]								
	nous	—ons [ɔ̃]			—ions [jɔ̃]		—ions [jɔ̃]	
現在分詞	vous	—ez [e]			—iez [je]		—iez [je]	
—ant [ɑ̃]	ils	—ent [無音]			—ent [無音]		—aient [ɛ]	

	直説法単純未来		条件法現在	
je (j')	—rai	[re]	—rais	[rɛ]
tu	—ras	[rɑ]	—rais	[rɛ]
il	—ra	[ra]	—rait	[rɛ]
nous	—rons	[rɔ̃]	—rions	[rjɔ̃]
vous	—rez	[re]	—riez	[rje]
ils	—ront	[rɔ̃]	—raient	[rɛ]

	直 説 法 単 純 過 去					
je	—ai	[e]	—is	[i]	—us	[y]
tu	—as	[ɑ]	—is	[i]	—us	[y]
il	—a	[a]	—it	[i]	—ut	[y]
nous	—âmes	[am]	—îmes	[im]	—ûmes	[ym]
vous	—âtes	[at]	—îtes	[it]	—ûtes	[yt]
ils	—èrent	[ɛr]	—irent	[ir]	—urent	[yr]

過去分詞	—é [e], —i [i], —u [y], —s [無音], —t [無音]

① **直説法現在**の単数形は，第一群動詞では —e, —es, —e；他の動詞ではほとんど —s, —s, —t.

② **直説法現在**と**接続法現在**では，nous, vous の語幹が，他の人称の語幹と異なること（母音交替）がある.

③ **命令法**は，直説法現在の tu, nous, vous をとった形.（ただし —es → e　vas → va）

④ **接続法現在**は，多く直説法現在の3人称複数形から作られる. ils partent → je parte.

⑤ **直説法半過去**と**現在分詞**は，直説法現在の1人称複数形から作られる.

⑥ **直説法単純未来**と**条件法現在**は多く不定法から作られる. aimer → j'aimerai, finir → je finirai, rendre → je rendrai（-oir 型の語幹は不規則）.

1. avoir

		直　説　法				
	現　在		**半　過　去**		**単　純　過　去**	
現在分詞	j'	ai	j'	avais	j'	eus　[y]
ayant	tu	as	tu	avais	tu	eus
	il	a	il	avait	il	eut
過去分詞	nous	avons	nous	avions	nous	eûmes
eu [y]	vous	avez	vous	aviez	vous	eûtes
	ils	ont	ils	avaient	ils	eurent
命　令　法	**複　合　過　去**		**大　過　去**		**前　過　去**	
	j'	ai	eu	j'	avais	eu	j'	eus	eu
aie	tu	as	eu	tu	avais	eu	tu	eus	eu
	il	a	eu	il	avait	eu	il	eut	eu
ayons	nous	avons	eu	nous	avions	eu	nous	eûmes	eu
ayez	vous	avez	eu	vous	aviez	eu	vous	eûtes	eu
	ils	ont	eu	ils	avaient	eu	ils	eurent	eu

2. être

		直　説　法				
	現　在		**半　過　去**		**単　純　過　去**	
現在分詞	je	suis	j'	étais	je	fus
étant	tu	es	tu	étais	tu	fus
	il	est	il	était	il	fut
過去分詞	nous	sommes	nous	étions	nous	fûmes
été	vous	êtes	vous	étiez	vous	fûtes
	ils	sont	ils	étaient	ils	furent
命　令　法	**複　合　過　去**		**大　過　去**		**前　過　去**	
	j'	ai	été	j'	avais	été	j'	eus	été
sois	tu	as	été	tu	avais	été	tu	eus	été
	il	a	été	il	avait	été	il	eut	été
soyons	nous	avons	été	nous	avions	été	nous	eûmes	été
soyez	vous	avez	été	vous	aviez	été	vous	eûtes	été
	ils	ont	été	ils	avaient	été	ils	eurent	été

3. avoir aimé

[複合時称]

		直　説　法		
	複　合　過　去		**大　過　去**		**前　過　去**	
分詞複合形	j'	ai	aimé	j'	avais	aimé	j'	eus	aimé
ayant aimé	tu	as	aimé	tu	avais	aimé	tu	eus	aimé
	il	a	aimé	il	avait	aimé	il	eut	aimé
命　令　法	elle	a	aimé	elle	avait	aimé	elle	eut	aimé
aie aimé	nous	avons	aimé	nous	avions	aimé	nous	eûmes	aimé
	vous	avez	aimé	vous	aviez	aimé	vous	eûtes	aimé
ayons aimé	ils	ont	aimé	ils	avaient	aimé	ils	eurent	aimé
ayez aimé	elles	ont	aimé	elles	avaient	aimé	elles	eurent	aimé

4. être allé(e)(s)

[複合時称]

		直　説　法		
	複　合　過　去		**大　過　去**		**前　過　去**	
分詞複合形	je	suis	allé(e)	j'	étais	allé(e)	je	fus	allé(e)
étant allé(e)(s)	tu	es	allé(e)	tu	étais	allé(e)	tu	fus	allé(e)
	il	est	allé	il	était	allé	il	fut	allé
命　令　法	elle	est	allée	elle	était	allée	elle	fut	allée
sois allé(e)	nous	sommes	allé(e)s	nous	étions	allé(e)s	nous	fûmes	allé(e)s
	vous	êtes	allé(e)(s)	vous	étiez	allé(e)(s)	vous	fûtes	allé(e)(s)
soyons allé(e)s	ils	sont	allés	ils	étaient	allés	ils	furent	allés
soyez allé(e)(s)	elles	sont	allées	elles	étaient	allées	elles	furent	allées

	単 純 未 来		条 件 法 現 在		接 続 法 現 在		半 過 去
j'	aurai	j'	aurais	j'	aie	j'	eusse
tu	auras	tu	aurais	tu	aies	tu	eusses
il	aura	il	aurait	il	ait	il	eût
nous	aurons	nous	aurions	nous	ayons	nous	eussions
vous	aurez	vous	auriez	vous	ayez	vous	eussiez
ils	auront	ils	auraient	ils	aient	ils	eussent

	前 未 来		過 去		過 去		大 過 去
j'	aurai eu	j'	aurais eu	j'	aie eu	j'	eusse eu
tu	auras eu	tu	aurais eu	tu	aies eu	tu	eusses eu
il	aura eu	il	aurait eu	il	ait eu	il	eût eu
nous	aurons eu	nous	aurions eu	nous	ayons eu	nous	eussions eu
vous	aurez eu	vous	auriez eu	vous	ayez eu	vous	eussiez eu
ils	auront eu	ils	auraient eu	ils	aient eu	ils	eussent eu

	単 純 未 来		条 件 法 現 在		接 続 法 現 在		半 過 去
je	serai	je	serais	je	sois	je	fusse
tu	seras	tu	serais	tu	sois	tu	fusses
il	sera	il	serait	il	soit	il	fût
nous	serons	nous	serions	nous	soyons	nous	fussions
vous	serez	vous	seriez	vous	soyez	vous	fussiez
ils	seront	ils	seraient	ils	soient	ils	fussent

	前 未 来		過 去		過 去		大 過 去
j'	aurai été	j'	aurais été	j'	aie été	j'	eusse été
tu	auras été	tu	aurais été	tu	aies été	tu	eusses été
il	aura été	il	aurait été	il	ait été	il	eût été
nous	aurons été	nous	aurions été	nous	ayons été	nous	eussions été
vous	aurez été	vous	auriez été	vous	ayez été	vous	eussiez été
ils	auront été	ils	auraient été	ils	aient été	ils	eussent été

	前 未 来		条 件 法 過 去		接 続 法 過 去		大 過 去
j'	aurai aimé	j'	aurais aimé	j'	aie aimé	j'	eusse aimé
tu	auras aimé	tu	aurais aimé	tu	aies aimé	tu	eusses aimé
il	aura aimé	il	aurait aimé	il	ait aimé	il	eût aimé
elle	aura aimé	elle	aurait aimé	elle	ait aimé	elle	eût aimé
nous	aurons aimé	nous	aurions aimé	nous	ayons aimé	nous	eussions aimé
vous	aurez aimé	vous	auriez aimé	vous	ayez aimé	vous	eussiez aimé
ils	auront aimé	ils	auraient aimé	ils	aient aimé	ils	eussent aimé
elles	auront aimé	elles	auraient aimé	elles	aient aimé	elles	eussent aimé

	前 未 来		条 件 法 過 去		接 続 法 過 去		大 過 去
je	serai allé(e)	je	serais allé(e)	je	sois allé(e)	je	fusse allé(e)
tu	seras allé(e)	tu	serais allé(e)	tu	sois allé(e)	tu	fusses allé(e)
il	sera allé	il	serait allé	il	soit allé	il	fût allé
elle	sera allée	elle	serait allée	elle	soit allée	elle	fût allée
nous	serons allé(e)s	nous	serions allé(e)s	nous	soyons allé(e)s	nous	fussions allé(e)s
vous	serez allé(e)(s)	vous	seriez allé(e)(s)	vous	soyez allé(e)(s)	vous	fussiez allé(e)(s)
ils	seront allés	ils	seraient allés	ils	soient allés	ils	fussent allés
elles	seront allées	elles	seraient allées	elles	soient allées	elles	fussent allées

5. être aimé(e)(s) ［受動態］

直　　説　　法						接　続　法		
現　在			**複　合　過　去**			**現　在**		
je	suis	aimé(e)	j'	ai	été aimé(e)	je	sois	aimé(e)
tu	es	aimé(e)	tu	as	été aimé(e)	tu	sois	aimé(e)
il	est	aimé	il	a	été aimé	il	soit	aimé
elle	est	aimée	elle	a	été aimée	elle	soit	aimée
nous	sommes	aimé(e)s	nous	avons	été aimé(e)s	nous	soyons	aimé(e)s
vous	êtes	aimé(e)(s)	vous	avez	été aimé(e)(s)	vous	soyez	aimé(e)(s)
ils	sont	aimés	ils	ont	été aimés	ils	soient	aimés
elles	sont	aimées	elles	ont	été aimées	elles	soient	aimées
半　過　去			**大　過　去**			**過　去**		
j'	étais	aimé(e)	j'	avais	été aimé(e)	j'	aie	été aimé(e)
tu	étais	aimé(e)	tu	avais	été aimé(e)	tu	aies	été aimé(e)
il	était	aimé	il	avait	été aimé	il	ait	été aimé
elle	était	aimée	elle	avait	été aimée	elle	ait	été aimée
nous	étions	aimé(e)s	nous	avions	été aimé(e)s	nous	ayons	été aimé(e)s
vous	étiez	aimé(e)(s)	vous	aviez	été aimé(e)(s)	vous	ayez	été aimé(e)(s)
ils	étaient	aimés	ils	avaient	été aimés	ils	aient	été aimés
elles	étaient	aimées	elles	avaient	été aimées	elles	aient	été aimées
単　純　過　去			**前　過　去**			**半　過　去**		
je	fus	aimé(e)	j'	eus	été aimé(e)	je	fusse	aimé(e)
tu	fus	aimé(e)	tu	eus	été aimé(e)	tu	fusses	aimé(e)
il	fut	aimé	il	eut	été aimé	il	fût	aimé
elle	fut	aimée	elle	eut	été aimée	elle	fût	aimée
nous	fûmes	aimé(e)s	nous	eûmes	été aimé(e)s	nous	fussions	aimé(e)s
vous	fûtes	aimé(e)(s)	vous	eûtes	été aimé(e)(s)	vous	fussiez	aimé(e)(s)
ils	furent	aimés	ils	eurent	été aimés	ils	fussent	aimés
elles	furent	aimées	elles	eurent	été aimées	elles	fussent	aimées
単　純　未　来			**前　未　来**			**大　過　去**		
je	serai	aimé(e)	j'	aurai	été aimé(e)	j'	eusse	été aimé(e)
tu	seras	aimé(e)	tu	auras	été aimé(e)	tu	eusses	été aimé(e)
il	sera	aimé	il	aura	été aimé	il	eût	été aimé
elle	sera	aimée	elle	aura	été aimée	elle	eût	été aimée
nous	serons	aimé(e)s	nous	aurons	été aimé(e)s	nous	eussions	été aimé(e)s
vous	serez	aimé(e)(s)	vous	aurez	été aimé(e)(s)	vous	eussiez	été aimé(e)(s)
ils	seront	aimés	ils	auront	été aimés	ils	eussent	été aimés
elles	seront	aimées	elles	auront	été aimées	elles	eussent	été aimées

条　　件　　法						現在分詞		
現　在			**過　去**			étant aimé(e)(s)		
je	serais	aimé(e)	j'	aurais	été aimé(e)			
tu	serais	aimé(e)	tu	aurais	été aimé(e)	**過去分詞**		
il	serait	aimé	il	aurait	été aimé	été aimé(e)(s)		
elle	serait	aimée	elle	aurait	été aimée			
nous	serions	aimé(e)s	nous	aurions	été aimé(e)s	**命　令　法**		
vous	seriez	aimé(e)(s)	vous	auriez	été aimé(e)(s)	sois	aimé(e)s	
ils	seraient	aimés	ils	auraient	été aimés	soyons	aimé(e)s	
elles	seraient	aimées	elles	auraient	été aimées	soyez	aimé(e)(s)	

6. se lever ［代名動詞］

直　説　法							接　続　法		
現　在			複　合　過　去				現　在		
je	me	lève	je	me	suis	levé(e)	je	me	lève
tu	te	lèves	tu	t'	es	levé(e)	tu	te	lèves
il	se	lève	il	s'	est	levé	il	se	lève
elle	se	lève	elle	s'	est	levée	elle	se	lève
nous	nous	levons	nous	nous	sommes	levé(e)s	nous	nous	levions
vous	vous	levez	vous	vous	êtes	levé(e)(s)	vous	vous	leviez
ils	se	lèvent	ils	se	sont	levés	ils	se	lèvent
elles	se	lèvent	elles	se	sont	levées	elles	se	lèvent
半　過　去			大　過　去				過　去		
je	me	levais	je	m'	étais	levé(e)	je	me	sois	levé(e)
tu	te	levais	tu	t'	étais	levé(e)	tu	te	sois	levé(e)
il	se	levait	il	s'	était	levé	il	se	soit	levé
elle	se	levait	elle	s'	était	levée	elle	se	soit	levée
nous	nous	levions	nous	nous	étions	levé(e)s	nous	nous	soyons	levé(e)s
vous	vous	leviez	vous	vous	étiez	levé(e)(s)	vous	vous	soyez	levé(e)(s)
ils	se	levaient	ils	s'	étaient	levés	ils	se	soient	levés
elles	se	levaient	elles	s'	étaient	levées	elles	se	soient	levées
単　純　過　去			前　過　去				半　過　去		
je	me	levai	je	me	fus	levé(e)	je	me	levasse
tu	te	levas	tu	te	fus	levé(e)	tu	te	levasses
il	se	leva	il	se	fut	levé	il	se	levât
elle	se	leva	elle	se	fut	levée	elle	se	levât
nous	nous	levâmes	nous	nous	fûmes	levé(e)s	nous	nous	levassions
vous	vous	levâtes	vous	vous	fûtes	levé(e)(s)	vous	vous	levassiez
ils	se	levèrent	ils	se	furent	levés	ils	se	levassent
elles	se	levèrent	elles	se	furent	levées	elles	se	levassent
単　純　未　来			前　未　来				大　過　去		
je	me	lèverai	je	me	serai	levé(e)	je	me	fusse	levé(e)
tu	te	lèveras	tu	te	seras	levé(e)	tu	te	fusses	levé(e)
il	se	lèvera	il	se	sera	levé	il	se	fût	levé
elle	se	lèvera	elle	se	sera	levée	elle	se	fût	levée
nous	nous	lèverons	nous	nous	serons	levé(e)s	nous	nous	fussions	levé(e)s
vous	vous	lèverez	vous	vous	serez	levé(e)(s)	vous	vous	fussiez	levé(e)(s)
ils	se	lèveront	ils	se	seront	levés	ils	se	fussent	levés
elles	se	lèveront	elles	se	seront	levées	elles	se	fussent	levées

条　件　法							現在分詞
現　在			過　去				
je	me	lèverais	je	me	serais	levé(e)	se levant
tu	te	lèverais	tu	te	serais	levé(e)	
il	se	lèverait	il	se	serait	levé	
elle	se	lèverait	elle	se	serait	levée	命　令　法
nous	nous	lèverions	nous	nous	serions	levé(e)s	
vous	vous	lèveriez	vous	vous	seriez	levé(e)(s)	lève-toi
ils	se	lèveraient	ils	se	seraient	levés	levons-nous
elles	se	lèveraient	elles	se	seraient	levées	levez-vous

◇ se が間接補語のとき過去分詞は性・数の変化をしない.

不 定 法 現在分詞 過去分詞	直 説 法			
	現　　在	半　過　去	単純過去	単純未来
7. aimer *aimant* *aimé*	j' aime tu aimes il aime n. aimons v. aimez ils aiment	j' aimais tu aimais il aimait n. aimions v. aimiez ils aimaient	j' aimai tu aimas il aima n. aimâmes v. aimâtes ils aimèrent	j' aimerai tu aimeras il aimera n. aimerons v. aimerez ils aimeront
8. commencer *commençant* *commencé*	je commence tu commences il commence n. commençons v. commencez ils commencent	je commençais tu commençais il commençait n. commencions v. commenciez ils commençaient	je commençai tu commenças il commença n. commençâmes v. commençâtes ils commencèrent	je commencerai tu commenceras il commencera n. commencerons v. commencerez ils commenceront
9. manger *mangeant* *mangé*	je mange tu manges il mange n. mangeons v. mangez ils mangent	je mangeais tu mangeais il mangeait n. mangions v. mangiez ils mangeaient	je mangeai tu mangeas il mangea n. mangeâmes v. mangeâtes ils mangèrent	je mangerai tu mangeras il mangera n. mangerons v. mangerez ils mangeront
10. acheter *achetant* *acheté*	j' achète tu achètes il achète n. achetons v. achetez ils achètent	j' achetais tu achetais il achetait n. achetions v. achetiez ils achetaient	j' achetai tu achetas il acheta n. achetâmes v. achetâtes ils achetèrent	j' achèterai tu achèteras il achètera n. achèterons v. achèterez ils achèteront
11. appeler *appelant* *appelé*	j' appelle tu appelles il appelle n. appelons v. appelez ils appellent	j' appelais tu appelais il appelait n. appelions v. appeliez ils appelaient	j' appelai tu appelas il appela n. appelâmes v. appelâtes ils appelèrent	j' appellerai tu appelleras il appellera n. appellerons v. appellerez ils appelleront
12. préférer *préférant* *préféré*	je préfère tu préfères il préfère n. préférons v. préférez ils préfèrent	je préférais tu préférais il préférait n. préférions v. préfériez ils préféraient	je préférai tu préféras il préféra n. préférâmes v. préférâtes ils préférèrent	je préférerai tu préféreras il préférera n. préférerons v. préférerez ils préféreront
13. employer *employant* *employé*	j' emploie tu emploies il emploie n. employons v. employez ils emploient	j' employais tu employais il employait n. employions v. employiez ils employaient	j' employai tu employas il employa n. employâmes v. employâtes ils employèrent	j' emploierai tu emploieras il emploiera n. emploierons v. emploierez ils emploieront

条 件 法	接 続 法		命 令 法	同 型
現　　在	現　　在	半　過　去		
j'　aimerais tu　aimerais il　aimerait n.　aimerions v.　aimeriez ils　aimeraient	j'　aime tu　aimes il　aime n.　aimions v.　aimiez ils　aiment	j'　aimasse tu　aimasses il　aimât n.　aimassions v.　aimassiez ils　aimassent	aime aimons aimez	注 語尾 -er の動詞 （除：aller, envoyer） を**第一群規則動詞**と もいう.
je　commencerais tu　commencerais il　commencerait n.　commencerions v.　commenceriez ils　commenceraient	je　commence tu　commences il　commence n.　commencions v.　commenciez ils　commencent	je　commençasse tu　commençasses il　commençât n.　commençassions v.　commençassiez ils　commençassent	commence commençons commencez	**avancer effacer forcer lancer placer prononcer remplacer renoncer**
je　mangerais tu　mangerais il　mangerait n.　mangerions v.　mangeriez ils　mangeraient	je　mange tu　manges il　mange n.　mangions v.　mangiez ils　mangent	je　mangeasse tu　mangeasses il　mangeât n.　mangeassions v.　mangeassiez ils　mangeassent	mange mangeons mangez	**arranger changer charger déranger engager manger obliger voyager**
j'　achèterais tu　achèterais il　achèterait n.　achèterions v.　achèteriez ils　achèteraient	j'　achète tu　achètes il　achète n.　achetions v.　achetiez ils　achètent	j'　achetasse tu　achetasses il　achetât n.　achetassions v.　achetassiez ils　achetassent	achète achetons achetez	**achever amener enlever lever mener peser (se) promener**
j'　appellerais tu　appellerais il　appellerait n.　appellerions v.　appelleriez ils　appelleraient	j'　appelle tu　appelles il　appelle n.　appelions v.　appeliez ils　appellent	j'　appelasse tu　appelasses il　appelât n.　appelassions v.　appelassiez ils　appelassent	appelle appelons appelez	**jeter rappeler rejeter renouveler**
je　préférerais tu　préférerais il　préférerait n.　préférerions v.　préféreriez ils　préféreraient	je　préfère tu　préfères il　préfère n.　préférions v.　préfériez ils　préfèrent	je　préférasse tu　préférasses il　préférât n.　préférassions v.　préférassiez ils　préférassent	préfère préférons préférez	**considérer désespérer espérer inquiéter pénétrer posséder répéter sécher**
j'　emploierais tu　emploierais il　emploierait n.　emploierions v.　emploieriez ils　emploieraient	j'　emploie tu　emploies il　emploie n.　employions v.　employiez ils　emploient	j'　employasse tu　employasses il　employât n.　employassions v.　employassiez ils　employassent	emploie employons employez	**-oyer**（除：**envoyer**） **-uyer appuyer ennuyer essuyer nettoyer**

不 定 法 現在分詞 過去分詞	直 説 法			
	現 在	半 過 去	単純過去	単純未来
14. payer *payant* *payé*	je paye (paie) tu payes (paies) il paye (paie) n. payons v. payez ils payent (paient)	je payais tu payais il payait n. payions v. payiez ils payaient	je payai tu payas il paya n. payâmes v. payâtes ils payèrent	je payerai (paierai) tu payeras (etc. . . .) il payera n. payerons v. payerez ils payeront
15. envoyer *envoyant* *envoyé*	j' envoie tu envoies il envoie n. envoyons v. envoyez ils envoient	j' envoyais tu envoyais il envoyait n. envoyions v. envoyiez ils envoyaient	j' envoyai tu envoyas il envoya n. envoyâmes v. envoyâtes ils envoyèrent	j' **enverrai** tu **enverras** il **enverra** n. **enverrons** v. **enverrez** ils **enverront**
16. aller *allant* *allé*	je **vais** tu **vas** il **va** n. allons v. allez ils **vont**	j' allais tu allais il allait n. allions v. alliez ils allaient	j' allai tu allas il alla n. allâmes v. allâtes ils allèrent	j' **irai** tu **iras** il **ira** n. **irons** v. **irez** ils **iront**
17. finir *finissant* *fini*	je finis tu finis il finit n. finissons v. finissez ils finissent	je finissais tu finissais il finissait n. finissions v. finissiez ils finissaient	je finis tu finis il finit n. finîmes v. finîtes ils finirent	je finirai tu finiras il finira n. finirons v. finirez ils finiront
18. partir *partant* *parti*	je pars tu pars il part n. partons v. partez ils partent	je partais tu partais il partait n. partions v. partiez ils partaient	je partis tu partis il partit n. partîmes v. partîtes ils partirent	je partirai tu partiras il partira n. partirons v. partirez ils partiront
19. sentir *sentant* *senti*	je sens tu sens il sent n. sentons v. sentez ils sentent	je sentais tu sentais il sentait n. sentions v. sentiez ils sentaient	je sentis tu sentis il sentit n. sentîmes v. sentîtes ils sentirent	je sentirai tu sentiras il sentira n. sentirons v. sentirez ils sentiront
20. tenir *tenant* *tenu*	je tiens tu tiens il tient n. tenons v. tenez ils tiennent	je tenais tu tenais il tenait n. tenions v. teniez ils tenaient	je tins tu tins il tint n. tînmes v. tîntes ils tinrent	je **tiendrai** tu **tiendras** il **tiendra** n. **tiendrons** v. **tiendrez** ils **tiendront**

条件法	接続法		命令法	同型
現在	現在	半過去		
je payerais (paierais) tu payerais (*etc....*) il payerait n. payerions v. payeriez ils payeraient	je paye (paie) tu payes (paies) il paye (paie) n. payions v. payiez ils payent (paient)	je payasse tu payasses il payât n. payassions v. payassiez ils payassent	paie (paye) payons payez	[発音] je paye [ʒəpɛj], je paie [ʒəpɛ]; je payerai [ʒəpɛjre], je paierai [ʒəpɛre].
j' enverrais tu enverrais il enverrait n. enverrions v. enverriez ils enverraient	j' envoie tu envoies il envoie n. envoyions v. envoyiez ils envoient	j' envoyasse tu envoyasses il envoyât n. envoyassions v. envoyassiez ils envoyassent	envoie envoyons envoyez	注 未来，条・現を除いては，**13** と同じ． **renvoyer**
j' irais tu irais il irait n. irions v. iriez ils iraient	j' **aille** tu **ailles** il **aille** n. allions v. alliez ils **aillent**	j' allasse tu allasses il allât n. allassions v. allassiez ils allassent	**va** allons allez	注 y がつくとき命令法・現在は vas: vas-y. 直・現・3 人称複数に ont の語尾をもつものは他に ont(avoir), sont(être), font(faire) のみ．
je finirais tu finirais il finirait n. finirions v. finiriez ils finiraient	je finisse tu finisses il finisse n. finissions v. finissiez ils finissent	je finisse tu finisses il finît n. finissions v. finissiez ils finissent	finis finissons finissez	注 finir 型の動詞を第 2 群規則動詞という．
je partirais tu partirais il partirait n. partirions v. partiriez ils partiraient	je parte tu partes il parte n. partions v. partiez ils partent	je partisse tu partisses il partît n. partissions v. partissiez ils partissent	pars partons partez	注 助動詞は être. **sortir**
je sentirais tu sentirais il sentirait n. sentirions v. sentiriez ils sentiraient	je sente tu sentes il sente n. sentions v. sentiez ils sentent	je sentisse tu sentisses il sentît n. sentissions v. sentissiez ils sentissent	sens sentons sentez	注 18 と助動詞を除けば同型．
je tiendrais tu tiendrais il tiendrait n. tiendrions v. tiendriez ils tiendraient	je tienne tu tiennes il tienne n. tenions v. teniez ils tiennent	je tinsse tu tinsses il tînt n. tinssions v. tinssiez ils tinssent	tiens tenons tenez	注 **venir 21** と同型，ただし，助動詞は avoir.

不 定 法 現在分詞 過去分詞	直 説 法			
	現　　在	半　過　去	単純過去	単純未来
21. venir *venant* *venu*	je viens tu viens il vient n. venons v. venez ils viennent	je venais tu venais il venait n. venions v. veniez ils venaient	je vins tu vins il vint n. vînmes v. vîntes ils vinrent	je **viendrai** tu **viendras** il **viendra** n. **viendrons** v. **viendrez** ils **viendront**
22. accueillir *accueillant* *accueilli*	j' **accueille** tu **accueilles** il **accueille** n. accueillons v. accueillez ils accueillent	j' accueillais tu accueillais il accueillait n. accueillions v. accueilliez ils accueillaient	j' accueillis tu accueillis il accueillit n. accueillîmes v. accueillîtes ils accueillirent	j' **accueillerai** tu **accueilleras** il **accueillera** n. **accueillerons** v. **accueillerez** ils **accueilleront**
23. ouvrir *ouvrant* *ouvert*	j' **ouvre** tu **ouvres** il **ouvre** n. ouvrons v. ouvrez ils ouvrent	j' ouvrais tu ouvrais il ouvrait n. ouvrions v. ouvriez ils ouvraient	j' ouvris tu ouvris il ouvrit n. ouvrîmes v. ouvrîtes ils ouvrirent	j' ouvrirai tu ouvriras il ouvrira n. ouvrirons v. ouvrirez ils ouvriront
24. courir *courant* *couru*	je cours tu cours il court n. courons v. courez ils courent	je courais tu courais il courait n. courions v. couriez ils couraient	je courus tu courus il courut n. courûmes v. courûtes ils coururent	je **courrai** tu **courras** il **courra** n. **courrons** v. **courrez** ils **courront**
25. mourir *mourant* *mort*	je meurs tu meurs il meurt n. mourons v. mourez ils meurent	je mourais tu mourais il mourait n. mourions v. mouriez ils mouraient	je mourus tu mourus il mourut n. mourûmes v. mourûtes ils moururent	je **mourrai** tu **mourras** il **mourra** n. **mourrons** v. **mourrez** ils **mourront**
26. acquérir *acquérant* *acquis*	j' acquiers tu acquiers il acquiert n. acquérons v. acquérez ils acquièrent	j' acquérais tu acquérais il acquérait n. acquérions v. acquériez ils acquéraient	j' acquis tu acquis il acquit n. acquîmes v. acquîtes ils acquirent	j' **acquerrai** tu **acquerras** il **acquerra** n. **acquerrons** v. **acquerrez** ils **acquerront**
27. fuir *fuyant* *fui*	je fuis tu fuis il fuit n. fuyons v. fuyez ils fuient	je fuyais tu fuyais il fuyait n. fuyions v. fuyiez ils fuyaient	je fuis tu fuis il fuit n. fuîmes v. fuîtes ils fuirent	je fuirai tu fuiras il fuira n. fuirons v. fuirez ils fuiront

12

条 件 法	接 続 法		命 令 法	同 型
現　　　在	現　　　在	半 過 去		
je viendrais tu viendrais il viendrait n. viendrions v. viendriez ils viendraient	je vienne tu viennes il vienne n. venions v. veniez ils viennent	je vinsse tu vinsses il vînt n. vinssions v. vinssiez ils vinssent	viens venons venez	注 助動詞は être. **devenir** **intervenir** **prévenir** **revenir** **(se) souvenir**
j' accueillerais tu accueillerais il accueillerait n. accueillerions v. accueilleriez ils accueilleraient	j' accueille tu accueilles il accueille n. accueillions v. accueilliez ils accueillent	j' accueillisse tu accueillisses il accueillît n. accueillissions v. accueillissiez ils accueillissent	accueille accueillons accueillez	**cueillir**
j' ouvrirais tu ouvrirais il ouvrirait n. ouvririons v. ouvririez ils ouvriraient	j' ouvre tu ouvres il ouvre n. ouvrions v. ouvriez ils ouvrent	j' ouvrisse tu ouvrisses il ouvrît n. ouvrissions v. ouvrissiez ils ouvrissent	ouvre ouvrons ouvrez	**couvrir** **découvrir** **offrir** **souffrir**
je courrais tu courrais il courrait n. courrions v. courriez ils courraient	je coure tu coures il coure n. courions v. couriez ils courent	je courusse tu courusses il courût n. courussions v. courussiez ils courussent	cours courons courez	**accourir**
je mourrais tu mourrais il mourrait n. mourrions v. mourriez ils mourraient	je meure tu meures il meure n. mourions v. mouriez ils meurent	je mourusse tu mourusses il mourût n. mourussions v. mourussiez ils mourussent	meurs mourons mourez	注 助動詞は être.
j' acquerrais tu acquerrais il acquerrait n. acquerrions v. acquerriez ils acquerraient	j' acquière tu acquières il acquière n. acquérions v. acquériez ils acquièrent	j' acquisse tu acquisses il acquît n. acquissions v. acquissiez ils acquissent	acquiers acquérons acquérez	**conquérir**
je fuirais tu fuirais il fuirait n. fuirions v. fuiriez ils fuiraient	je fuie tu fuies il fuie n. fuyions v. fuyiez ils fuient	je fuisse tu fuisses il fuît n. fuissions v. fuissiez ils fuissent	fuis fuyons fuyez	**s'enfuir**

不 定 法 現在分詞 過去分詞	直 説 法			
	現　　在	半　過　去	単純過去	単純未来
28. rendre *rendant* *rendu*	je　rends tu　rends il　**rend** n.　rendons v.　rendez ils　rendent	je　rendais tu　rendais il　rendait n.　rendions v.　rendiez ils　rendaient	je　rendis tu　rendis il　rendit n.　rendîmes v.　rendîtes ils　rendirent	je　rendrai tu　rendras il　rendra n.　rendrons v.　rendrez ils　rendront
29. prendre *prenant* *pris*	je　prends tu　prends il　**prend** n.　prenons v.　prenez ils　prennent	je　prenais tu　prenais il　prenait n.　prenions v.　preniez ils　prenaient	je　pris tu　pris il　prit n.　prîmes v.　prîtes ils　prirent	je　prendrai tu　prendras il　prendra n.　prendrons v.　prendrez ils　prendront
30. craindre *craignant* *craint*	je　crains tu　crains il　craint n.　craignons v.　craignez ils　craignent	je　craignais tu　craignais il　craignait n.　craignions v.　craigniez ils　craignaient	je　craignis tu　craignis il　craignit n.　craignîmes v.　craignîtes ils　craignirent	je　craindrai tu　craindras il　craindra n.　craindrons v.　craindrez ils　craindront
31. faire *faisant* *fait*	je　fais tu　fais il　fait n.　faisons v.　**faites** ils　**font**	je　faisais tu　faisais il　faisait n.　faisions v.　faisiez ils　faisaient	je　fis tu　fis il　fit n.　fîmes v.　fîtes ils　firent	je　**ferai** tu　**feras** il　**fera** n.　**ferons** v.　**ferez** ils　**feront**
32. dire *disant* *dit*	je　dis tu　dis il　dit n.　disons v.　**dites** ils　disent	je　disais tu　disais il　disait n.　disions v.　disiez ils　disaient	je　dis tu　dis il　dit n.　dîmes v.　dîtes ils　dirent	je　dirai tu　diras il　dira n.　dirons v.　direz ils　diront
33. lire *lisant* *lu*	je　lis tu　lis il　lit n.　lisons v.　lisez ils　lisent	je　lisais tu　lisais il　lisait n.　lisions v.　lisiez ils　lisaient	je　lus tu　lus il　lut n.　lûmes v.　lûtes ils　lurent	je　lirai tu　liras il　lira n.　lirons v.　lirez ils　liront
34. suffire *suffisant* *suffi*	je　suffis tu　suffis il　suffit n.　suffisons v.　suffisez ils　suffisent	je　suffisais tu　suffisais il　suffisait n.　suffisions v.　suffisiez ils　suffisaient	je　suffis tu　suffis il　suffit n.　suffîmes v.　suffîtes ils　suffirent	je　suffirai tu　suffiras il　suffira n.　suffirons v.　suffirez ils　suffiront

条 件 法	接 続 法		命 令 法	同 型
現　　在	現　　在	半 過 去		
je rendrais tu rendrais il rendrait n. rendrions v. rendriez ils rendraient	je rende tu rendes il rende n. rendions v. rendiez ils rendent	je rendisse tu rendisses il rendît n. rendissions v. rendissiez ils rendissent	rends rendons rendez	**attendre** **descendre** **entendre** **pendre** **perdre** **répandre** **répondre** **vendre**
je prendrais tu prendrais il prendrait n. prendrions v. prendriez ils prendraient	je prenne tu prennes il prenne n. prenions v. preniez ils prennent	je prisse tu prisses il prît n. prissions v. prissiez ils prissent	prends prenons prenez	**apprendre** **comprendre** **entreprendre** **reprendre** **surprendre**
je craindrais tu craindrais il craindrait n. craindrions v. craindriez ils craindraient	je craigne tu craignes il craigne n. craignions v. craigniez ils craignent	je craignisse tu craignisses il craignît n. craignissions v. craignissiez ils craignissent	crains craignons craignez	**atteindre** **éteindre** **joindre** **peindre** **plaindre**
je ferais tu ferais il ferait n. ferions v. feriez ils feraient	je **fasse** tu **fasses** il **fasse** n. **fassions** v. **fassiez** ils **fassent**	je fisse tu fisses il fît n. fissions v. fissiez ils fissent	fais faisons **faites**	**défaire** **refaire** **satisfaire** 注 fais-[f(ə)z-]
je dirais tu dirais il dirait n. dirions v. diriez ils diraient	je dise tu dises il dise n. disions v. disiez ils disent	je disse tu disses il dît n. dissions v. dissiez ils dissent	dis disons **dites**	**redire**
je lirais tu lirais il lirait n. lirions v. liriez ils liraient	je lise tu lises il lise n. lisions v. lisiez ils lisent	je lusse tu lusses il lût n. lussions v. lussiez ils lussent	lis lisons lisez	**relire** **élire**
je suffirais tu suffirais il suffirait n. suffirions v. suffiriez ils suffiraient	je suffise tu suffises il suffise n. suffisions v. suffisiez ils suffisent	je suffisse tu suffisses il suffît n. suffissions v. suffissiez ils suffissent	suffis suffisons suffisez	

15

不 定 法 現在分詞 過去分詞	直 説 法			
	現　　在	半 過 去	単純過去	単純未来
35. conduire *conduisant* *conduit*	je conduis tu conduis il conduit n. conduisons v. conduisez ils conduisent	je conduisais tu conduisais il conduisait n. conduisions v. conduisiez ils conduisaient	je conduisis tu conduisis il conduisit n. conduisîmes v. conduisîtes ils conduisirent	je conduirai tu conduiras il conduira n. conduirons v. conduirez ils conduiront
36. plaire *plaisant* *plu*	je plais tu plais il **plaît** n. plaisons v. plaisez ils plaisent	je plaisais tu plaisais il plaisait n. plaisions v. plaisiez ils plaisaient	je plus tu plus il plut n. plûmes v. plûtes ils plurent	je plairai tu plairas il plaira n. plairons v. plairez ils plairont
37. coudre *cousant* *cousu*	je couds tu couds il coud n. cousons v. cousez ils cousent	je cousais tu cousais il cousait n. cousions v. cousiez ils cousaient	je cousis tu cousis il cousit n. cousîmes v. cousîtes ils cousirent	je coudrai tu coudras il coudra n. coudrons v. coudrez ils coudront
38. suivre *suivant* *suivi*	je suis tu suis il suit n. suivons v. suivez ils suivent	je suivais tu suivais il suivait n. suivions v. suiviez ils suivaient	je suivis tu suivis il suivit n. suivîmes v. suivîtes ils suivirent	je suivrai tu suivras il suivra n. suivrons v. suivrez ils suivront
39. vivre *vivant* *vécu*	je vis tu vis il vit n. vivons v. vivez ils vivent	je vivais tu vivais il vivait n. vivions v. viviez ils vivaient	je vécus tu vécus il vécut n. vécûmes v. vécûtes ils vécurent	je vivrai tu vivras il vivra n. vivrons v. vivrez ils vivront
40. écrire *écrivant* *écrit*	j' écris tu écris il écrit n. écrivons v. écrivez ils écrivent	j' écrivais tu écrivais il écrivait n. écrivions v. écriviez ils écrivaient	j' écrivis tu écrivis il écrivit n. écrivîmes v. écrivîtes ils écrivirent	j' écrirai tu écriras il écrira n. écrirons v. écrirez ils écriront
41. boire *buvant* *bu*	je bois tu bois il boit n. buvons v. buvez ils boivent	je buvais tu buvais il buvait n. buvions v. buviez ils buvaient	je bus tu bus il but n. bûmes v. bûtes ils burent	je boirai tu boiras il boira n. boirons v. boirez ils boiront

条 件 法	接 続 法		命 令 法	同 型
現　　在	現　　在	半 過 去		
je conduirais tu conduirais il conduirait n. conduirions v. conduiriez ils conduiraient	je conduise tu conduises il conduise n. conduisions v. conduisiez ils conduisent	je conduisisse tu conduisisses il conduisît n. conduisissions v. conduisissiez ils conduisissent	conduis conduisons conduisez	**construire** **cuire** **détruire** **instruire** **introduire** **produire** **traduire**
je plairais tu plairais il plairait n. plairions v. plairiez ils plairaient	je plaise tu plaises il plaise n. plaisions v. plaisiez ils plaisent	je plusse tu plusses il plût n. plussions v. plussiez ils plussent	plais plaisons plaisez	**déplaire** **(se) taire** （ただし il se tait）
je coudrais tu coudrais il coudrait n. coudrions v. coudriez ils coudraient	je couse tu couses il couse n. cousions v. cousiez ils cousent	je cousisse tu cousisses il cousît n. cousissions v. cousissiez ils cousissent	couds cousons cousez	
je suivrais tu suivrais il suivrait n. suivrions v. suivriez ils suivraient	je suive tu suives il suive n. suivions v. suiviez ils suivent	je suivisse tu suivisses il suivît n. suivissions v. suivissiez ils suivissent	suis suivons suivez	**poursuivre**
je vivrais tu vivrais il vivrait n. vivrions v. vivriez ils vivraient	je vive tu vives il vive n. vivions v. viviez ils vivent	je vécusse tu vécusses il vécût n. vécussions v. vécussiez ils vécussent	vis vivons vivez	
j' écrirais tu écrirais il écrirait n. écririons v. écririez ils écriraient	j' écrive tu écrives il écrive n. écrivions v. écriviez ils écrivent	j' écrivisse tu écrivisses il écrivît n. écrivissions v. écrivissiez ils écrivissent	écris écrivons écrivez	**décrire** **inscrire**
je boirais tu boirais il boirait n. boirions v. boiriez ils boiraient	je boive tu boives il boive n. buvions v. buviez ils boivent	je busse tu busses il bût n. bussions v. bussiez ils bussent	bois buvons buvez	

不 定 法 現在分詞 過去分詞	直 説 法			
	現　在	半 過 去	単純過去	単純未来
42. résoudre *résolvant* *résolu*	je résous tu résous il résout n. résolvons v. résolvez ils résolvent	je résolvais tu résolvais il résolvait n. résolvions v. résolviez ils résolvaient	je résolus tu résolus il résolut n. résolûmes v. résolûtes ils résolurent	je résoudrai tu résoudras il résoudra n. résoudrons v. résoudrez ils résoudront
43. connaître *connaissant* *connu*	je connais tu connais il **connaît** n. connaissons v. connaissez ils connaissent	je connaissais tu connaissais il connaissait n. connaissions v. connaissiez ils connaissaient	je connus tu connus il connut n. connûmes v. connûtes ils connurent	je connaîtrai tu connaîtras il connaîtra n. connaîtrons v. connaîtrez ils connaîtront
44. naître *naissant* *né*	je nais tu nais il **naît** n. naissons v. naissez ils naissent	je naissais tu naissais il naissait n. naissions v. naissiez ils naissaient	je naquis tu naquis il naquit n. naquîmes v. naquîtes ils naquirent	je naîtrai tu naîtras il naîtra n. naîtrons v. naîtrez ils naîtront
45. croire *croyant* *cru*	je crois tu crois il croit n. croyons v. croyez ils croient	je croyais tu croyais il croyait n. croyions v. croyiez ils croyaient	je crus tu crus il crut n. crûmes v. crûtes ils crurent	je croirai tu croiras il croira n. croirons v. croirez ils croiront
46. battre *battant* *battu*	je bats tu bats il **bat** n. battons v. battez ils battent	je battais tu battais il battait n. battions v. battiez ils battaient	je battis tu battis il battit n. battîmes v. battîtes ils battirent	je battrai tu battras il battra n. battrons v. battrez ils battront
47. mettre *mettant* *mis*	je mets tu mets il **met** n. mettons v. mettez ils mettent	je mettais tu mettais il mettait n. mettions v. mettiez ils mettaient	je mis tu mis il mit n. mîmes v. mîtes ils mirent	je mettrai tu mettras il mettra n. mettrons v. mettrez ils mettront
48. rire *riant* *ri*	je ris tu ris il rit n. rions v. riez ils rient	je riais tu riais il riait n. riions v. riiez ils riaient	je ris tu ris il rit n. rîmes v. rîtes ils rirent	je rirai tu riras il rira n. rirons v. rirez ils riront

条 件 法	接 続 法		命 令 法	同 型
現　　在	現　　在	半 過 去		
je résoudrais tu résoudrais il résoudrait n. résoudrions v. résoudriez ils résoudraient	je résolve tu résolves il résolve n. résolvions v. résolviez ils résolvent	je résolusse tu résolusses il résolût n. résolussions v. résolussiez ils résolussent	résous résolvons résolvez	
je connaîtrais tu connaîtrais il connaîtrait n. connaîtrions v. connaîtriez ils connaîtraient	je connaisse tu connaisses il connaisse n. connaissions v. connaissiez ils connaissent	je connusse tu connusses il connût n. connussions v. connussiez ils connussent	connais connaissons connaissez	注 t の前にくるとき i→î. **apparaître** **disparaître** **paraître** **reconnaître**
je naîtrais tu naîtrais il naîtrait n. naîtrions v. naîtriez ils naîtraient	je naisse tu naisses il naisse n. naissions v. naissiez ils naissent	je naquisse tu naquisses il naquît n. naquissions v. naquissiez ils naquissent	nais naissons naissez	注 t の前にくるとき i→î. 助動詞はêtre.
je croirais tu croirais il croirait n. croirions v. croiriez ils croiraient	je croie tu croies il croie n. croyions v. croyiez ils croient	je crusse tu crusses il crût n. crussions v. crussiez ils crussent	crois croyons croyez	
je battrais tu battrais il battrait n. battrions v. battriez ils battraient	je batte tu battes il batte n. battions v. battiez ils battent	je battisse tu battisses il battît n. battissions v. battissiez ils battissent	bats battons battez	**abattre** **combattre**
je mettrais tu mettrais il mettrait n. mettrions v. mettriez ils mettraient	je mette tu mettes il mette n. mettions v. mettiez ils mettent	je misse tu misses il mît n. missions v. missiez ils missent	mets mettons mettez	**admettre** **commettre** **permettre** **promettre** **remettre**
je rirais tu rirais il rirait n. ririons v. ririez ils riraient	je rie tu ries il rie n. riions v. riiez ils rient	je risse tu risses il rît n. rissions v. rissiez ils rissent	ris rions riez	**sourire**

不 定 法 現在分詞 過去分詞	直 説 法			
	現　　在	半　過　去	単純過去	単純未来
49. conclure *concluant* *conclu*	je conclus tu conclus il conclut n. concluons v. concluez ils concluent	je concluais tu concluais il concluait n. concluions v. concluiez ils concluaient	je conclus tu conclus il conclut n. conclûmes v. conclûtes ils conclurent	je conclurai tu concluras il conclura n. conclurons v. conclurez ils concluront
50. rompre *rompant* *rompu*	je romps tu romps il rompt n. rompons v. rompez ils rompent	je rompais tu rompais il rompait n. rompions v. rompiez ils rompaient	je rompis tu rompis il rompit n. rompîmes v. rompîtes ils rompirent	je romprai tu rompras il rompra n. romprons v. romprez ils rompront
51. vaincre *vainquant* *vaincu*	je vaincs tu vaincs il **vainc** n. vainquons v. vainquez ils vainquent	je vainquais tu vainquais il vainquait n. vainquions v. vainquiez ils vainquaient	je vainquis tu vainquis il vainquit n. vainquîmes v. vainquîtes ils vainquirent	je vaincrai tu vaincras il vaincra n. vaincrons v. vaincrez ils vaincront
52. recevoir *recevant* *reçu*	je reçois tu reçois il reçoit n. recevons v. recevez ils reçoivent	je recevais tu recevais il recevait n. recevions v. receviez ils recevaient	je reçus tu reçus il reçut n. reçûmes v. reçûtes ils reçurent	je **recevrai** tu **recevras** il **recevra** n. **recevrons** v. **recevrez** ils **recevront**
53. devoir *devant* *dû* (due, dus, dues)	je dois tu dois il doit n. devons v. devez ils doivent	je devais tu devais il devait n. devions v. deviez ils devaient	je dus tu dus il dut n. dûmes v. dûtes ils durent	je **devrai** tu **devras** il **devra** n. **devrons** v. **devrez** ils **devront**
54. pouvoir *pouvant* *pu*	je **peux (puis)** tu **peux** il peut n. pouvons v. pouvez ils peuvent	je pouvais tu pouvais il pouvait n. pouvions v. pouviez ils pouvaient	je pus tu pus il put n. pûmes v. pûtes ils purent	je **pourrai** tu **pourras** il **pourra** n. **pourrons** v. **pourrez** ils **pourront**
55. émouvoir *émouvant* *ému*	j' émeus tu émeus il émeut n. émouvons v. émouvez ils émeuvent	j' émouvais tu émouvais il émouvait n. émouvions v. émouviez ils émouvaient	j' émus tu émus il émut n. émûmes v. émûtes ils émurent	j' **émouvrai** tu **émouvras** il **émouvra** n. **émouvrons** v. **émouvrez** ils **émouvront**

条 件 法	接 続 法		命 令 法	同 型
現　在	現　在	半 過 去		
je conclurais tu conclurais il conclurait n. conclurions v. concluriez ils concluraient	je conclue tu conclues il conclue n. concluions v. concluiez ils concluent	je conclusse tu conclusses il conclût n. conclussions v. conclussiez ils conclussent	conclus concluons concluez	
je romprais tu romprais il romprait n. romprions v. rompriez ils rompraient	je rompe tu rompes il rompe n. rompions v. rompiez ils rompent	je rompisse tu rompisses il rompît n. rompissions v. rompissiez ils rompissent	romps rompons rompez	**interrompre**
je vaincrais tu vaincrais il vaincrait n. vaincrions v. vaincriez ils vaincraient	je vainque tu vainques il vainque n. vainquions v. vainquiez ils vainquent	je vainquisse tu vainquisses il vainquît n. vainquissions v. vainquissiez ils vainquissent	vaincs vainquons vainquez	**convaincre**
je recevrais tu recevrais il recevrait n. recevrions v. recevriez ils recevraient	je reçoive tu reçoives il reçoive n. recevions v. receviez ils reçoivent	je reçusse tu reçusses il reçût n. reçussions v. reçussiez ils reçussent	reçois recevons recevez	**apercevoir** **concevoir**
je devrais tu devrais il devrait n. devrions v. devriez ils devraient	je doive tu doives il doive n. devions v. deviez ils doivent	je dusse tu dusses il dût n. dussions v. dussiez ils dussent	dois devons devez	注命令法はほとんど 用いられない.
je pourrais tu pourrais il pourrait n. pourrions v. pourriez ils pourraient	je **puisse** tu **puisses** il **puisse** n. **puissions** v. **puissiez** ils **puissent**	je pusse tu pusses il pût n. pussions v. pussiez ils pussent		注命令法はない.
j' émouvrais tu émouvrais il émouvrait n. émouvrions v. émouvriez ils émouvraient	j' émeuve tu émeuves il émeuve n. émouvions v. émouviez ils émeuvent	j' émusse tu émusses il émût n. émussions v. émussiez ils émussent	émeus émouvons émouvez	**mouvoir** ただし過去分詞は mû (mue, mus, mues)

不 定 法 現在分詞 過去分詞	直 説 法			
	現　　在	半 過 去	単純過去	単純未来
56. savoir *sachant* *su*	je sais tu sais il sait n. savons v. savez ils savent	je savais tu savais il savait n. savions v. saviez ils savaient	je sus tu sus il sut n. sûmes v. sûtes ils surent	je **saurai** tu **sauras** il **saura** n. **saurons** v. **saurez** ils **sauront**
57. voir *voyant* *vu*	je vois tu vois il voit n. voyons v. voyez ils voient	je voyais tu voyais il voyait n. voyions v. voyiez ils voyaient	je vis tu vis il vit n. vîmes v. vîtes ils virent	je **verrai** tu **verras** il **verra** n. **verrons** v. **verrez** ils **verront**
58. vouloir *voulant* *voulu*	je **veux** tu **veux** il veut n. voulons v. voulez ils veulent	je voulais tu voulais il voulait n. voulions v. vouliez ils voulaient	je voulus tu voulus il voulut n. voulûmes v. voulûtes ils voulurent	je **voudrai** tu **voudras** il **voudra** n. **voudrons** v. **voudrez** ils **voudront**
59. valoir *valant* *valu*	je **vaux** tu **vaux** il vaut n. valons v. valez ils valent	je valais tu valais il valait n. valions v. valiez ils valaient	je valus tu valus il valut n. valûmes v. valûtes ils valurent	je **vaudrai** tu **vaudras** il **vaudra** n. **vaudrons** v. **vaudrez** ils **vaudront**
60. s'asseoir *s'asseyant*[1] *assis*	je m'assieds[1] tu t'assieds il **s'assied** n. n. asseyons v. v. asseyez ils s'asseyent	je m'asseyais[1] tu t'asseyais il s'asseyait n. n. asseyions v. v. asseyiez ils s'asseyaient	je m'assis tu t'assis il s'assit n. n. assîmes v. v. assîtes ils s'assirent	je m'**assiérai**[1] tu t'**assiéras** il s'**assiéra** n. n. **assiérons** v. v. **assiérez** ils s'**assiéront**
s'assoyant[2]	je m'assois[2] tu t'assois il s'assoit n. n. assoyons v. v. assoyez ils s'assoient	je m'assoyais[2] tu t'assoyais il s'assoyait n. n. assoyions v. v. assoyiez ils s'assoyaient		je m'**assoirai**[2] tu t'**assoiras** il s'**assoira** n. n. **assoirons** v. v. **assoirez** ils s'**assoiront**
61. pleuvoir *pleuvant* *plu*	il pleut	il pleuvait	il plut	il **pleuvra**
62. falloir *fallu*	il faut	il fallait	il fallut	il **faudra**

条 件 法	接 続 法		命 令 法	同 型
現　在	現　在	半　過　去		
je saurais tu saurais il saurait n. saurions v. sauriez ils sauraient	je **sache** tu **saches** il **sache** n. **sachions** v. **sachiez** ils **sachent**	je susse tu susses il sût n. sussions v. sussiez ils sussent	**sache** **sachons** **sachez**	
je verrais tu verrais il verrait n. verrions v. verriez ils verraient	je voie tu voies il voie n. voyions v. voyiez ils voient	je visse tu visses il vît n. vissions v. vissiez ils vissent	vois voyons voyez	**revoir**
je voudrais tu voudrais il voudrait n. voudrions v. voudriez ils voudraient	je **veuille** tu **veuilles** il **veuille** n. voulions v. vouliez ils **veuillent**	je voulusse tu voulusses il voulût n. voulussions v. voulussiez ils voulussent	**veuille** **veuillons** **veuillez**	
je vaudrais tu vaudrais il vaudrait n. vaudrions v. vaudriez ils vaudraient	je **vaille** tu **vailles** il **vaille** n. valions v. valiez ils **vaillent**	je valusse tu valusses il valût n. valussions v. valussiez ils valussent		注命令法はほとんど ど用いられない.
je m'assiérais[1] tu t'assiérais il s'assiérait n. n. assiérions v. v. assiériez ils s'assiéraient	je m'asseye[1] tu t'asseyes il s'asseye n. n. asseyions v. v. asseyiez ils s'asseyent	j' m'assisse tu t'assisses il s'assît n. n. assissions v. v. assissiez ils s'assissent	assieds-toi[1] asseyons-nous asseyez-vous	注時称により2種の 活用があるが, (1)は古来の活用で, (2)は俗語調である. (1)の方が多く使われ る.
je m'assoirais[2] tu t'assoirais il s'assoirait n. n. assoirions v. v. assoiriez ils s'assoiraient	je m'assoie[2] tu t'assoies il s'assoie n. n. assoyions v. v. assoyiez ils s'assoient		assois-toi[2] assoyons-nous assoyez-vous	
il pleuvrait	il pleuve	il plût		注命令法はない.
il faudrait	il **faille**	il fallût		注命令法・現在分詞 はない.

23

NUMÉRAUX（数詞）

CARDINAUX（基数）	ORDINAUX（序数）
1 **un, une**	**premier**（**première**）
2 deux	deuxième, second（e）
3 trois	troisième
4 quatre	quatrième
5 cinq	cinquième
6 six	sixième
7 sept	septième
8 huit	huitième
9 neuf	neuvième
10 **dix**	**dixième**
11 onze	onzième
12 douze	douzième
13 treize	treizième
14 quatorze	quatorzième
15 quinze	quinzième
16 seize	seizième
17 dix-sept	dix-septième
18 dix-huit	dix-huitième
19 dix-neuf	dix-neuvième
20 **vingt**	**vingtième**
21 vingt et un	vingt et unième
22 vingt-deux	vingt-deuxième
23 vingt-trois	vingt-troisième
30 **trente**	**trentième**
31 trente et un	trente et unième
32 trente deux	trente-deuxième
40 **quarante**	**quarantième**
41 quarante et un	quarante et unième
42 quarante-deux	quarante-deuxième
50 **cinquante**	**cinquantième**
51 cinquante et un	cinquante et unième
52 cinquante-deux	cinquante-deuxième
60 **soixante**	**soixantième**
61 soixante et un	soixante et unième
62 soixante-deux	soixante-deuxième
70 **soixante-dix**	**soixante-dixième**
71 soixante et onze	soixante et onzième
72 soixante-douze	soixante-douzième
80 **quatre-vingts**	**quatre-vingtième**
81 quatre-vingt-un	quatre-vingt-unième
82 quatre-vingt-deux	quatre-vingt-deuxième

CARDINAUX	ORDINAUX
90 **quatre-vingt-dix**	**quatre-vingt-dixième**
91 quatre-vingt-onze	quatre-vingt-onzième
92 quatre-vingt-douze	quatre-vingt-douzième
100 **cent**	**centième**
101 cent un	cent（et）unième
102 cent deux	cent deuxième
110 cent dix	cent dixième
120 cent vingt	cent vingtième
130 cent trente	cent trentième
140 cent quarante	cent quarantième
150 cent cinquante	cent cinquantième
160 cent soixante	cent soixantième
170 cent soixante-dix	cent soixante-dixième
180 cent quatre-vingts	cent quatre-vingtième
190 cent quatre-vingt-dix	cent quatre-vingt-dixième
200 **deux cents**	**deux centième**
201 deux cent un	deux cent unième
202 deux cent deux	deux cent deuxième
300 **trois cents**	**trois centième**
301 trois cent un	trois cent unième
302 trois cent deux	trois cent deuxième
400 **quatre cents**	**quatre centième**
401 quatre cent un	quatre cent unième
402 quatre cent deux	quatre cent deuxième
500 **cinq cents**	**cinq centième**
501 cinq cent un	cinq cent unième
502 cinq cent deux	cinq cent deuxième
600 **six cents**	**six centième**
601 six cent un	six cent unième
602 six cent deux	six cent deuxième
700 **sept cents**	**sept centième**
701 sept cent un	sept cent unième
702 sept cent deux	sept cent deuxième
800 **huit cents**	**huit centième**
801 huit cent un	huit cent unième
802 huit cent deux	huit cent deuxième
900 **neuf cents**	**neuf centième**
901 neuf cent un	neuf cent unième
902 neuf cent deux	neuf cent deuxième
1000 **mille**	**millième**

1 000 000 | **un million** | **millionième** ‖ **1 000 000 000** | **un milliard** | **milliardième**

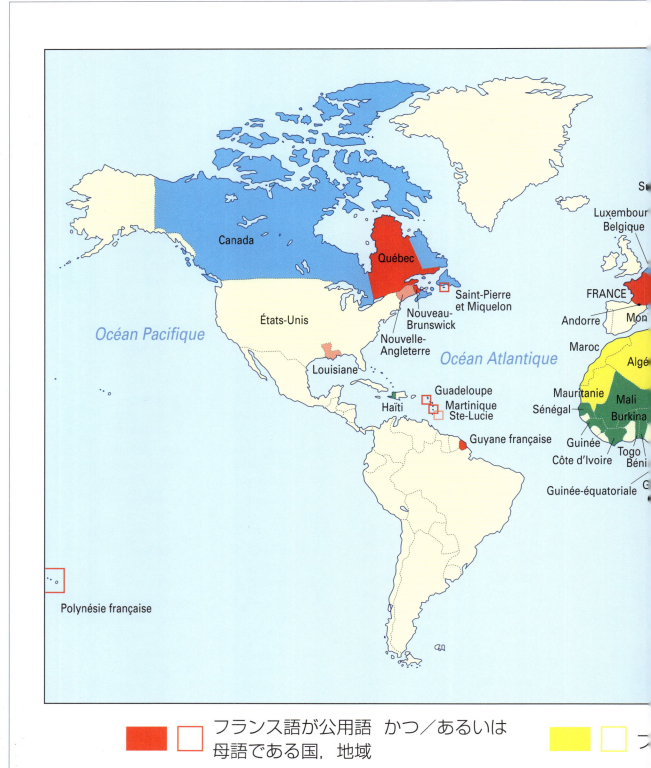